16—

Escola d'emprenedors

Escola d'emprenedors

Descobreix el potencial emprenedor que portes a dins!

Ferran Peiró,
Guillem Perdrix i
Albert Torruella

Pròleg de Lluís Rodríguez Salgado

Libros de Cabecera
www.librosdecabecera.com
Barcelona - Madrid - New York

1a edició: octubre 2011

© 2011 Libros de Cabecera S.L.
Rambla de Catalunya, 53, àtic
08007 Barcelona
www.librosdecabecera.com

Disseny de la col·lecció: Erola Boix
Editor: Virtuts Angulo i Paco López
Maquetació: Barreras&Creixell
Disseny de la coberta: Rachel Sender

ISBN paper: 978-84-939268-7-8
ISBN PDF: 978-84-939268-8-5
ISBN e-book: 978-84-939268-9-2
Dipòsit legal: B-34.863-2011

Imprès per Talleres Gráficos Vigor, SA
Imprès a Espanya - *Printed in Spain*

Agraïments

Podríem agrair i dedicar aquest llibre a les moltíssimes persones que d'una manera o altre hi han participat, però potser no tindríem espai suficient.

Per això creiem més encertat dedicar aquest llibre a l'esforç, la perseverança, l'entusiasme, la valentia, la inquietud, la rauxa, la dedicació, l'empatia, l'autoestima, la confiança, l'equilibri, l'optimisme, la creativitat, el respecte, la humilitat, l'assertivitat, l'amor, la por, la felicitat, el desig, l'admiració, l'aversió, la sorpresa, l'anticipació... en definitiva, a tots aquells sentiments que mouen el món, i que solen sentir les persones emprenedores en algun moment de la seva vida.

Si no fos per aquests sentiments, probablement el món seria un lloc del tot insostenible. Com deia la guineu del *Petit príncep* d'Antoine de Saint-Exupéry, «allò que és essencial en la vida, és invisible als ulls. Només s'hi veu bé amb el cor».

Així doncs, volem dedicar aquest llibre a tots aquells que miren la vida amb el cor...

Índex

Pròleg

Moltes, sinó la majoria de les persones, prefereixen les situacions predictibles a las impredictibles. El procés emprenedor és inherentment caòtic i relativament difícil de planejar. Així que, de la petita minoria —tot i que cada vegada més nombrosa— que prefereixen viure o s'hi senten més o menys còmodes en un món incert, en diem persones emprenedores.

Qui pot entrar en aquest procés emprenedor i qui no? Quin tipus d'habilitats i coneixements es requereixen? Amb qui et convé fer societat i amb qui no? Què es el que has de fer i el que no? Aquestes són algunes de les qüestions a les que aquest llibre us aproximarà amb tota franquesa.

Si emprendre és una aventura, dedicar-se a assessorar persones emprenedores també ho és, com demostren amb claredat en Guillem, l'Albert i en Ferran. És una aventura d'acompanyament personal i professional que se sap on comença, gairebé sempre amb sorpreses, però mai on acaba.

És possible que el lector es sorprengui amb la simpatia, la claredat i la proximitat que els autors demostren en aquest viatge a través de l'infinit univers de varietats zoològiques d'aquesta fauna que constituïm els que ens autoanomenem emprenedors. El llibre recull fidelment les casuístiques més comunes que ens trobem en un país com el nostre, on més de 90.000 persones posen en marxa cada any noves iniciatives empresarials.

Un país que té més de 600.000 empreses, petites i grans, tan variades en intencions, motivacions, sectors, productes i organització que classificar-les resulta una feina d'allò més complicada.

El llibre fa una navegació pels factors més comuns de fracàs —la gran assignatura pendent— i també pels factors d'èxit. Tan uns com altres t'ajudaran a entendre qui i com ets, com a persona emprenedora, i et permetrà conèixer experiències d'altres que, com ara tu, es varen plantejar posar en marxa una nova empresa.

Curiosos, somniadors, llençats, porucs, hiperactius, creatius, innovadors, independents, dependents, perseverants, treballadors, impulsius, intuïtius, reflexius i actius, tots us hi trobareu reflectits en aquest llibre...

Lluís Rodríguez Salgado,
professor de Creació d'Empreses
a la Universitat Autònoma de Barcelona

Introducció

Comencem el viatge...

Quan surts per fer el viatge cap a Ítaca,
has de pregar que el camí sigui llarg,
ple d'aventures, ple de coneixences.
Has de pregar que el camí sigui llarg,
que siguin moltes les matinades
que entraràs en un port que els teus ulls ignoraven,
i vagis a ciutats per aprendre dels que saben.
Tingues sempre al cor la idea d'Ítaca.
Has d'arribar-hi, és el teu destí,
però no forcis gens la travessia.
És preferible que duri molts anys,
que siguis vell quan fondegis l'illa,
ric de tot el que hauràs guanyat fent el camí,
sense esperar que et doni més riqueses.
Ítaca t'ha donat el bell viatge,
sense ella no hauries sortit.
I si la trobes pobra, no és que Ítaca
t'hagi enganyat. Savi, com bé t'has fet,
sabràs el que volen dir les Ítaques.

Lluís Llach

Hem volgut triar aquest poema per començar perquè de tots els paral·lelismes que s'han establert en el món de l'emprenedoria, el que més ens agrada, és el que compara la creació d'una empresa amb l'inici d'un camí o córrer una cursa, especialment una marató. Creiem que és amb el que s'estableixen més coincidències, tant per les fases que s'hi travessen —preparació, arrencada, trajecte i arribada—, com els estats anímics que cal afrontar.

I és que alguns dels factors clau amb els que s'encara l'emprenedor quan pretén iniciar un projecte o crear una empresa són l'aspecte psicològic i el seu entorn més proper. Igual que en una marató, voler dur a terme una idea de negoci fa que l'emprenedor travessi diverses i controvertides fases i estats anímics, que en no poques ocasions acaben per fer-lo desistir de tirar endavant aquella simple fantasia que va tenir en un moment d'inspiració del més inesperat —és a dir, que la il·lusió de preparar-se s'esvaeixi i desisteixi finalment de córrer la cursa/emprendre—.

Pors, inseguretats o el sentiment de soledat amb els que es troba sovint l'emprenedor s'han de saber administrar i superar amb ingents dosis de confiança —en el projecte i en un mateix—. Malauradament, la confiança no serà suficient. Caldrà afegir-hi esforç, sacrifici, constància, treball i les ganes i la il·lusió necessàries per tal d'assolir l'èxit. Igualment, de manera indissoluble, seran necessaris sòlids coneixements en el sector i el mercat amb el que es trobarà —conèixer el terreny i el recorregut—. Només d'aquesta manera l'emprenedor podrà materialitzar el que en un primer moment va ser només un simple pensament o una detecció d'una necessitat —la preparació i el tret de sortida—.

Ara bé, us hem de confessar que aquest no és un llibre de psicologia i, per tant, l'aspecte psicològic no el tractarem en profunditat. Creiem que seria molt agosarat per la nostra part donada la formació que tenim en economia i empresa, i no en psicologia ni coaching.

Intentar-ho és el primer pas cap al fracàs... i també cap a l'èxit!

Sigui com sigui, hem volgut escriure aquest llibre amb un to còmic i distès i, a la vegada, rigorós, per tal que tota persona emprenedora perdi les pors i afronti sense complexes i amb confiança els entrebancs que de ben segur es trobarà.

Deixar clar que no volem encoratjar a ningú perquè sí, sinó que ho fem amb la certesa de que dedicant-t'hi temps i esforç, posant-t'hi seny i ganes és molt probable assolir l'èxit. Si més no a nivell personal, que no és poc. Sobretot, el que perseguim, és minimitzar el risc per tal d'evitar el fracàs dels projectes.

També ens agradaria, tot i que pugui semblar un pèl agosarat, canviar la concepció del que la nostra societat entén per fracàs. Sovint s'assimila el fracàs a un compte de resultats negatiu, que acaba per portar l'emprenedor a tancar l'empresa. Creiem que entendre un projecte o una idea empresarial d'aquesta manera, tant simplificada i resumida, pot semblar ridícul i injust; sobretot quan els que el jutgen són terceres persones que no hi han participat ni coneixen la situació particular de l'emprenedor.

A la majoria dels països anglosaxons, amb Estats Units com a principal abanderat d'aquesta filosofia, un emprenedor que ha intentat introduir un nou producte o servei i finalment no se n'ha sortit, gaudeix d'un cert prestigi social i reconeixement. Molt diferent és el que succeeix en la nostra societat, que sent força aversió al risc —en aquest sentit conservadora, paradoxalment—, que tracta a l'emprenedor com un il·luminat que no aporta ni ofici ni benefici a la societat. Si se'n surt, sobretot econòmicament parlant, serà conegut com un triomfador; en cas contrari, se'l titllarà de fracassat.

Sembla que no siguem conscients que tothom qui treballa és gràcies a que algun emprenedor en algun moment ha cregut en ell mateix i ha decidit crear la seva pròpia empresa. Fins i tot en el cas de l'administració pública.

Creiem que una aproximació força encertada del que podria ser el fracàs ens la dóna l'actual entrenador del F.C. Barcelona (Pep Guardiola), considerat per molts un nou model de transmissió de valors, que defineix el fracàs com allò que s'ha realitzat sense dedicar-hi tots els esforços, preparació i dedicació. En el seu cas, treball i esforç es dirigeixen tant en la pròpia preparació de l'equip a nivell físic, tècnic i tàctic —l'equip promotor—, com en l'estudi del rival —és a dir, la competència—, la recerca dels millors jugadors arreu del món —és a dir, els recursos humans—, i l'anàlisi i estudi del mercat.

Així doncs, es podria entendre el fracàs quan l'emprenedor no hagi dedicat tots els seus esforços a l'acompliment d'una causa. D'aquesta manera, es deixaria d'incloure dins el concepte de fracàs tots aquells projectes en què l'emprenedor s'hi hagi dedicat amb cos i ànima, tot i no haver obtingut els resultats esperats.

En resum, l'èxit o fracàs d'un projecte passa per l'acompliment dels objectius prefixats —subjectius de cada emprenedor— en base a un grau d'esforç i dedicació.

Si penses que estàs vençut, vençut estàs!

Hem de tenir present que, més enllà de fixar els nostres propis objectius, el nostre entorn més proper també pot condicionar l'èxit o el fracàs del nostre projecte. No són pocs els projectes abandonats perquè la parella, els pares o un amic han aconsellat a l'emprenedor que desisteixi de dur-lo a terme. Els seus arguments són «no t'emboliquis», «hi ha molta competència», «ara no és el moment» o «no et veig capaç»...

Això ens fa venir a la ment la fantasiosa i a la vegada reveladora faula del nen que es sorprèn quan veu un elefant adult al circ, lligat per una simple cadeneta, tal i com explica Jorge Bucay en el seu llibre *Déjame que te cuente.* El nen es preguntava tot estranyat com podia ser que un elefant adult, d'unes quantes tones de pes, ni tan sols intentés deslligar-se de la petita cadeneta. La resposta del pare del nen era que ja de ben petit ho va estar intentant durant molt de temps, fins que va decidir desistir de la idea perquè no se'n veia capaç. Maleït el dia en què va decidir no seguir intentant deslligar-se! Sense saber-ho, aquell fatídic dia l'havia condemnat de per vida, doncs era el que avui encara el mantenia lligat.

Així doncs, tot i l'entorn, ha de ser la ferma decisió d'un mateix el que ha de determinar si vol seguir essent l'elefant de circ lligat a una petita cadena, o pel contrari, prefereix trencar la cadena, emprendre el seu propi camí i descobrir món.

Un dels aspectes clau d'aquest entorn el simbolitzen els pares. Els pares són persones molt influents en els emprenedors i, per molts d'ells, un referent. Un exemple molt clar d'això que intentem explicar el podeu veure a la magnífica pel·lícula del director Gabriele Muccino i protagonitzada per Will Smith i el seu fill, *La recerca de la felicitat.* Si encara no l'heu vist, us recomanem que la mireu o, com a mínim, busqueu aquest fantàstic fragment a internet. En aquesta pel·lícula hi ha una escena excel·lent en la que els protagonistes estan jugant a bàsquet i el pare li diu al seu fill que no el vol veure tot el dia jugant al carrer, ja que no creu que hagi d'arribar gaire lluny. El fill de cop tira la pilota a terra amb gest de no voler seguir jugant. Després d'un silenci, el pare reflexiona sobre el que li ha dit i canvia de parer:

«Ei, escolta'm... mai deixis que ningú et digui que no pots fer alguna cosa. Si tens un somni, has de protegir-lo. Si algú no pot fer per ell mateix alguna cosa, et dirà que tu tampoc pots. Però si tu realment desitges una cosa, ves a per ella».

A qui va dirigit aquest llibre i què hi trobaràs

Aquest llibre va dirigit a totes aquelles persones que d'una manera o altra es senten capaces, o, com a mínim, que creuen ser-ne. En certa manera, pretén contrarestar tots aquells comentaris que se solen sentir en l'entorn d'un mateix, que sovint acaben per minar la moral de l'emprenedor i fer-li desar un projecte en un racó. Seguint el símil de la marató, aquest llibre pretén ser un punt d'avituallament durant el recorregut (l'hagis començat o no).

Per això, hem volgut que la primera part fos *Desmuntant mites...*, perquè quan sentiu la parella, els pares o algú molt pròxim dir-vos les típiques frases recurrents com «millor que et busquis una feina segura», tingueu algunes armes amb què respondre'ls.

La segona part del llibre l'hem volgut dedicar a que coneguis una mica més el teu perfil emprenedor. En alguns casos, és possible que et vegis reflectit en un dels perfils que proposem. Però en d'altres, segurament t'identificaràs amb diverses qualitats i defectes dels diferents perfils que hem descrit. Tant se val. El que és imprescindible és que, abans de començar la cursa, sàpigues quines són les teves qualitats i aptituds per tal d'aprofitar-les, i també quin podria ser el teu taló d'Aquil·les, per mirar de tractar la teva vulnerabilitat, o com a mínim protegir-la.

I finalment, en la tercera part del llibre hi trobaràs diverses històries d'emprenedors que han comès alguns dels errors més freqüents, que pots prendre com a consells útils per tal de reduir a la mínima expressió aquest risc de caure a mitja cursa. Ara bé, ja t'advertim, que malgrat seguir fil per randa tots els consells que hi trobareu, aquests són condició necessària però mai suficient per tal de garantir l'èxit. O, el que és el mateix, arribar fins la meta. Com diu la dita, «per aquest món on camines no hi ha rosa sense espines». No cal que segueixis llegint si pensaves que en aquest llibre trobaries les claus màgiques del teu projecte. El que sí podem garantir és que, llegint-lo, probablement t'estalviaràs bona part dels entrebancs i errors que han comès molts altres emprenedors, que han creat el seu negoci prèviament.

Com que tampoc es tracta d'avisar només dels perills que et trobaràs pel camí, també hi podràs llegir casos d'encert, a tall de recomanacions a seguir. Creiem que aquests podran servir-te d'ajuda, sinó en el curt, com a mínim en el mig o el llarg termini, per poder prendre algunes dreceres que t'estalviïn temps i, sobretot, per evitar perdre't pel camí.

I per acabar aquesta introducció, volem afegir que aquest llibre s'ha escrit en un llenguatge planer i força entenedor, perquè pensem que no cal ser doctor en economia per tal d'emprendre una nova activitat. Així doncs, no s'han utilitzat conceptes purament econòmics que puguin ser confusos per qualsevol persona poc familiaritzada amb el vocabulari de l'empresa o l'economia. Precisament per això, per fer-te el camí una mica més planer...

També ens agradaria afegir, a mode d'agraïment, que aquest llibre està fet per i per a emprenedors. Principals protagonistes dels relats i les històries que en ell es descriuen i que, més enllà de la teoria, són els que aporten amb les seves vivències i experiències, i en el fons, el seu sentiment emprenedor, l'expertesa i el coneixement als que ens dediquem a aquest sector.

El seu valor i el seu coratge són els que d'alguna manera o altra han contribuït a que *emprenguem* l'aventura d'escriure, editar i publicar aquest llibre. És a dir, sense aventurers que haguessin traçat ja alguns camins que els han portat fins l'arribada, aquest llibre de ben segur no existiria... a tots ells, gràcies.

I de la mateixa manera que hem començat amb un poema,

volem tancar aquesta introducció amb un altre text, igualment inspirador. Aquest va ser pronunciat per Christiaan Barnard, el cardiòleg sud-africà que va realitzar el primer transplantament de cor:

Si penses que estàs vençut, vençut estàs.
Si penses que no t'atreveixes, no t'atreviràs.
Si penses que t'agradaria guanyar, però que no pots, ja has perdut.
Perquè en el món et trobaràs que l'èxit comença amb la voluntat humana.
Tot és un estat mental.
Has de pensar bé per elevar-te.
Has d'estar segur de tu mateix abans d'intentar guanyar un premi.
La batalla de la vida no la guanya sempre la persona més forta o la més lleugera,
perquè tard o d'hora el que guanya és aquell que creu que pot fer-ho.

Christiaan Barnard

Part I

Desmuntant mites...

Quan una persona comença a pensar en treballar per compte propi o crear la seva pròpia empresa, el primer que sol fer és recórrer al seu entorn més proper. És totalment lícit i, fins a cert punt, recomanable. Ara bé, en aquest entorn, a més d'alguns consells que poden ser molt útils, també hi solen córrer alguns rumors que, per molt estesos que estiguin, no tenen per què ser veritat.

Cal sempre contrastar les visions i opinions subjectives d'un familiar o un amic, amb les dades, informació i fets objectius que es poden conèixer recorrent a un consultor o a qualsevol entitat que ofereixi serveis a l'emprenedoria i la creació d'empreses.

I això és el que hem volgut recollir en aquest capítol. Els principals rumors que els emprenedors comenten, i contrastar-los amb dades reals recollides en alguns dels estudis dedicats a aquest sector. Les reflexions que puguis trobar en aquest llibre, pots prendre-les com una opinió més. Ara bé, la informació que hi trobaràs és objectiva i fruit de l'observació al nostre treball diari.

Amb tot, les dades tampoc tenen perquè contenir la veritat absoluta, ni tenen perquè recollir la realitat d'un territori concret, i molt menys d'un projecte singular i únic com pot ser el teu. Així doncs, pren-les simplement com una referència, si tu vols.

1. El mite del treball segur: funcionari / emprenedor

Una de les creences més recurrents i generalitzades dins el món de l'emprenedoria és la que fa referència al mite del treballador de l'administració pública —o d'una gran empresa— com a quelcom més segur que no pas l'autoocupació.

En l'actual conjuntura econòmica de dèficits públics astronòmics, la major part dels treballadors contractats actualment per l'administració —i segurament en un futur proper— solen tenir un contracte de treball temporal o en règim d'interinatge. La figura del funcionari tradicional té els dies comptats, i fins i tot ell veu perillar el seu lloc de treball o com a mínim el seu sou, quan s'acosten retallades. A més, el seu sou sol estar estipulat segons una categoria professional i mai segons el seu rendiment. Això porta moltes vegades al bon treballador a un estat de descontent i, en casos extrems, a la depressió.

D'altra banda, el treballador d'una gran empresa —també en una de petita i mitjana— difícilment aconseguirà veure mai el compte de resultats, i amb prou feines participarà en les decisions que el poden afectar directament. Com a molt, participarà en tot allò que tingui a veure amb les seves tasques diàries. I a vegades ni això. Per tant, el treballador sol estar a mercès d'on bufa el vent i, quan s'acosta la tempesta, és el primer que veu perillar el seu lloc de treball.

En canvi, l'emprenedor coneix —o hauria de conèixer...— quin és l'estat del compte de resultats de la seva empresa en tot moment. D'aquesta manera, pot prendre les decisions correctes que puguin garantir la continuïtat de l'empresa. Qui no ha sentit mai allò de: «vaig entrar a treballar en una empresa en la que estaven creant nous departaments en els que suposadament tindrien moltíssima feina i, sense saber exactament com, van acabar tancant en menys d'un any...».

I sense ànim de voler generalitzar, moltes vegades les persones que entren en una gran empresa o a l'administració amb l'únic pretext de trobar una feina *garantida*, al cap d'uns anys se n'adonen que només han trobat això, una feina. Així, són ells mateixos els que acaben marxant, perquè acaben farts de la burocràcia i de la lentitud dels complexes processos de decisió resultants d'unes estructures sobredimensionades i jerarquitzades, que animen poc a la creativitat i apaivaguen la proactivitat dels treballadors.

Un dels perfils típics que esdevé emprenedor és el de persones entre els 30 i els 50 anys, que han acumulat certa experiència en grans empreses i que, a la primera de canvi, han estat acomiadats. O, pel contrari, han vist que no podien progressar més dins l'empresa, o han tingut desavinences amb el seu cap o algun company, i han hagut o han decidit marxar.

Precisament, aquest tipus de perfils solen ser persones a qui els acaba anant força bé, donat el seu bon coneixement del mercat i la seva experiència en el sector. I probablement el més important, han viscut de primera mà els errors i els encerts que ha comès l'empresa on treballaven i en coneixen els seus punts forts, i sobretot els febles.

Potser per això, Jose María Castillejo, president de Zinkia Entertainment, empresa creadora dels dibuixos animats Pocoyó, en una entrevista concedida a la Vanguardia deia frases com «no hi ha lloc més segur que l'autoocupació» o «quan siguem conscients de que no hi ha un lloc de treball més segur que l'autoocupació, les coses canviaran».

Per aquells a qui aquest argument no els acabi de convèncer, encara n'hi ha un altre probablement de més potent, i és el del nombre de pagadors. Així doncs, mentre la major part dels treballadors només tenen un únic pagador —un únic client—, els emprenedors poden treballar per a un nombre infinit de clients i empreses que a la llarga els garantiran uns ingressos més regulars i, sobretot, molt més segurs.

No cal recordar que amb la crisi econòmicofinancera que viu el primer món, només a Espanya, més de 2 milions de treballadors han perdut el seu lloc de treball. I això ha passat principalment per dos motius: o perquè l'empresa on treballaven ha hagut de reduir personal, o perquè aquella empresa directament ha hagut de tancar. I també és cert que hi ha hagut molts autònoms que han hagut de donar-se de baixa. En qualsevol dels tres casos, però, el motiu principal pel qual la gent es troba a l'atur és perquè només tenien un únic pagador.

Els treballadors que tenien dues feines i els autònoms que tenien més d'un client segurament han vist reduïda la seva facturació, però com a mínim no s'han quedat sense feina. I el millor del cas és que sempre els queda l'opció de sortir a buscar nous clients, qüestió que tractarem més endavant...

2. L'emprenedor va al cel i l'empresari a l'infern

Sense saber ben bé el motiu, algunes de les paraules usades en el món de l'emprenedoria contenen diferents connotacions, a vegades contradictòries. Una possible explicació pot ser deguda al fet que algunes d'aquestes paraules s'han convertit a la vegada en un nom comú i en un adjectiu qualificatiu.

Així, entenem comunament per emprenedor a una persona que crea un negoci com a persona física, és a dir, de manera individual per compte propi. I, d'altra banda, també es diu que una persona és emprenedora quan denota una actitud davant la vida que la fa emprendre nous camins, nous projectes, etc. sense necessitat de crear una empresa.

El mateix passa amb l'autònom, que pot ser entès com la persona física que treballa per compte propi, i que actua sota el Règim Especial del Treballador Autònom (d'aquí el nom). Però és també un adjectiu que fa referència a aquelles persones capaces de treballar de manera autònoma o independent, treballin per compte pròpi o aliè. D'aquí probablement les connotacions positives, però també negatives d'ambdós.

Resultat d'aquestes coincidències, mentre a l'emprenedor se'l sol associar a una persona jove, amb empenta, oberta, creadora de valor afegit, innovadora, etc. a l'empresari se'l sol associar amb una persona adulta, immobilista, dèspota i aprofitada.

La realitat de la nostra experiència personal ens desvetlla que això no és ben bé així. Al llarg dels anys hem conegut persones emprenedores d'allò més conformistes i conservadores i, per l'altra banda, empresaris i empresàries d'allò més innovadors, valents i capaços d'arriscar per tal de fer créixer la seva empresa.

Acadèmicament, es plantegen quatre fases en el procés de creació i consolidació d'empreses: sensibilització, gestació, posada en marxa i consolidació. Quan una persona que encapçala el seu propi negoci durant les tres primeres fases —a vegades es parla en termini dels primers 42 mesos— se'l considera una persona emprenedora, a partir d'aquest temps se'l sol anomenar empresari/a —en la fase de consolidació—. Així que l'única diferència que hi ha entre un emprenedor i un empresari és el temps que porta al capdavant d'un negoci.

Amb tot això tampoc pretenem dir que tot emprenedor pugui arribar a ser un empresari, ni que tot empresari sigui una persona emprenedora. Simplement, que existeixen empresaris molt emprenedors i emprenedors amb mentalitat d'empresaris dels temps de la revolució industrial...

Per sort o per desgràcia, l'actual crisi econòmicofinancera també ha ajudat força a canviar la visió que es té de l'empresari. De cop i volta, sembla que ara ens haguem adonat que són les empreses —i per tant, els seus empresaris, que comencen sent emprenedors—, els veritables generadors de riquesa d'un país, tant pel valor afegit que puguin aportar, com pels diners que aporten a l'Estat en forma d'impostos o per la ocupació que generen.

I afortunadament, el model d'empresari d'èxit també s'ha modernitzat força en els darrers anys, passant del típic model carrincló, que basava el seu negoci en l'ús dels contactes a nivell polític i el seu poder econòmic i financer tendent a l'oligopoli, a les persones que han basat el seu model d'èxit en la innovació, el disseny i la internacionalització de les seves empreses.

Per fonamentar els nostres arguments podríem posar exemples i donar noms concrets, però pensem que tothom en coneix, tant en un sentit com un altre.

3. El més important d'un projecte empresarial és tenir una bona idea!

Com més endavant veurem, existeix un perfil típic d'emprenedor que assisteix a les entitats de suport a l'emprenedoria a la recerca d'idees que li permetin dur a terme un negoci amb èxit. Així hem anomenat a l'emprenedor Mac Gyver (versió cercaidees). Aquest personatge confia plenament en el criteri dels tècnics i creu ferventment que el més important perquè el seu negoci assoleixi l'èxit és la idea. Una vegada tinguin la idea clara, la resta serà bufar i fer ampolles...

De la mateixa manera pensa l'emprenedor *caçador de bolets*, que és aquell que acudeix amb una idea de la qual no pretén donar-ne cap pista, ni tan sols la més mínima informació. I també procedeix així l'emprenedor a la recerca de l'inversor perdut, que només té la idea, i la resta encara està tot per decidir.

Abans que res, que quedi ben clar que tampoc volem menysprear el valor d'una idea innovadora. De fet, hi ha casos en què la idea no té perquè ser molt innovadora per ser exitosa, sinó que pot ser simplement una adaptació —o *importació*— d'un negoci que funciona en un altre país o regió. Sí que creiem fermament que el més important de l'èxit d'un negoci és el procés d'implementació de la idea —sigui pròpia o adaptada— i el seu posterior posicionament en el mercat.

Si bé és cert que algunes de les grans empreses de l'època moderna han nascut d'una idea com pot ser una fórmula o un algoritme —Coca-Cola o Google—, que segueixin al mercat depèn més aviat de la seva feina diària per posicionar la marca, diversificar l'activitat, vigilar la competència, etc., que no pas exclusivament de la idea inicial. Precisament, com molts sabreu, la Coca-Cola la va inventar un científic intentant trobar una fórmula per fer xarop i, en canvi, va acabar inventant un refresc. D'aquesta manera, encara que potser la idea tingui certa importància, queda patent que n'és la seva posterior implementació la que preval.

Així que una bona part de les idees que acaben funcionant sorgeixen de l'observació de la realitat actual: per necessitats no cobertes, actualitzant idees que van funcionar en el passat, important una idea d'una altra zona geogràfica, detectant defectes o possibilitats de millora en productes existents, o fins i tot, aprofitant recursos disponibles infrautilitzats.

Per tant, el més important de la majoria de projectes empresarials no creiem que en sigui una idea fantàstica, sinó la seva posada en marxa i, sobretot, la seva viabilitat tècnica i econòmica. I la viabilitat de tot projecte no s'aconsegueix fins que el conjunt d'ingressos que obtinguem dels productes i/o serveis que vendrem sigui superior al conjunt de despeses que requerirà la posada en marxa d'aquesta idea.

Així doncs, el requisit per crear i gestionar una bona empresa ja no és tenir només una bona idea, sinó aconseguir produir-la, comercialitzar-la, i distribuir-la, i que les despeses generades de tot aquest procés siguin inferiors als ingressos que n'obtindrem de la seva venda. Explicat així sembla ben senzill oi?

Per aquells que vulgueu familiaritzar-vos amb el què és ben bé una empresa, us recomanem molt efusivament que llegiu el llibre *La empresa explicada de forma senzilla* (Libros de Cabecera), de Francisco López. Us ajudarà a aclarir molts dubtes del què és una empresa i del seu funcionament.

4. Demanar diners al banc sempre és més car que no pas que te'ls deixi un amic, un familiar o un conegut

Molts emprenedors creuen que l'únic risc d'un projecte és exclusivament la inversió inicial que s'ha de realitzar. Curiosament, solen ser emprenedors que no disposen de recursos propis i que han d'acudir a una entitat financera per tal de dur-lo a terme.

El que sí és ben cert, és que recórrer al banc per finançar un projecte requereix un risc addicional, donat que a més de tornar-li els diners que li haguem demanat, aquest ens en demanarà uns interessos. D'aquí el seu negoci principal. Heu sentit mai allò de *la banca sempre guanya?*. Es tracta d'una expressió que es va popularitzar gràcies sobretot als jocs d'atzar, però creiem que és ben aplicable en aquest cas. El banc està per guanyar-hi diners, i no per perdre'n. Per això sempre ens demanaran que el projecte que presentem sigui un negoci rendible. I a més, no voldran córrer cap risc.

La manera que disposa el banc per cobrar un preu per un préstec —o qualsevol altre producte financer que ens ofereixi— és a través del tipus d'interès i de les més que conegudes comissions. I la manera de cobrir el risc de l'operació és a través dels avals i les garanties. D'aquí que quan anem a trucar a la seva porta ens demanin garanties sobre el préstec i ens vulguin cobrar comissions i interessos per allò que els demanem.

Tot i això, i molt al contrari del que pensa força gent, moltes vegades resulta més *barat* —que no més econòmic—, demanar diners al banc que no pas a un familiar. Mentre vagis pagant la quota mensual que hagis acordat amb el banc, ell mai et demanarà explicacions. I en el cas que algun dia les coses vagin maldades, estarà disposat a renegociar el deute a més llarg termini. L'únic a que no estarà disposat és a no tornar a veure els diners. D'aquí que sempre demani alguna garantia, que en última instància pugui executar...

Ara bé, quan diem més barat, ens referim a que mai et trucarà per dir-te que ell ja t'ho havia advertit, que la inversió era massa arriscada i que tu no vals per això, que mai t'hi hauries d'haver ficat, que el que havies d'haver fet era buscar-te una bona feina, etc, etc, etc.

Quan el projecte es troba en una situació delicada i cal pensar fredament en com reflotar el negoci, el que menys ajuda és haver de sentir tots aquests discursos, i menys quan provenen de l'entorn més proper.

A més, si som capaços de seure amb el banc i arribar a un acord per renegociar el deute a un termini més llarg, és probable que aquest petit èxit ens doni una bona injecció de moral extraordinària. En canvi, haver de parlar amb la família de diners sempre acaba portant plors i retrets...

5. L'únic risc del meu projecte n'és la inversió inicial

Com ja hem avançat anteriorment, molts emprenedors creuen que l'únic risc del seu projecte són els diners que hi pensen invertir. I com que moltes vegades un elevat percentatge de la inversió la realitzen a través del finançament extern —generalment a través d'una entitat financera—, el risc que perceben és força reduït respecte el que realment poden estar assumint. De la mateixa manera que passa amb la hipoteca, només ens fixem en la quota mensual del préstec i en si serem capaços de fer-hi front.

Per un costat, la inversió —i, per tant, el risc— que s'està assumint és el total dels diners que es demanen, afegint-li el tipus d'interès que ens comprometem a pagar quan contractem aquest tipus de finançament. Això es tradueix en una quota mensual a la que haurem de fer front, mes a mes.

Per altra banda, en dur a terme una activitat econòmica, assumim en menor o major mesura, un cert nivell de despeses al que també haurem de respondre. I és precisament aquest nivell de despeses el que sol marcar el futur de la nostra empresa.

Si, per exemple, tingués un negoci en el que la inversió inicial fos força elevada, i el nivell de despeses fos força reduït, per molt temps que trigués, acabaria recuperant la inversió inicial i tenint un benefici.

En canvi, en un negoci que comportés una inversió reduïda, i el volum de despeses superés el nivell d'ingressos, no només no recuperaria mai la inversió, sinó que aniria arrossegant unes pèrdues, que també hauria d'assumir com a part del deute, més tard o més aviat.

Així doncs, podríem representar el nivell de risc alhora d'afrontar una activitat de negoci de la següent manera:

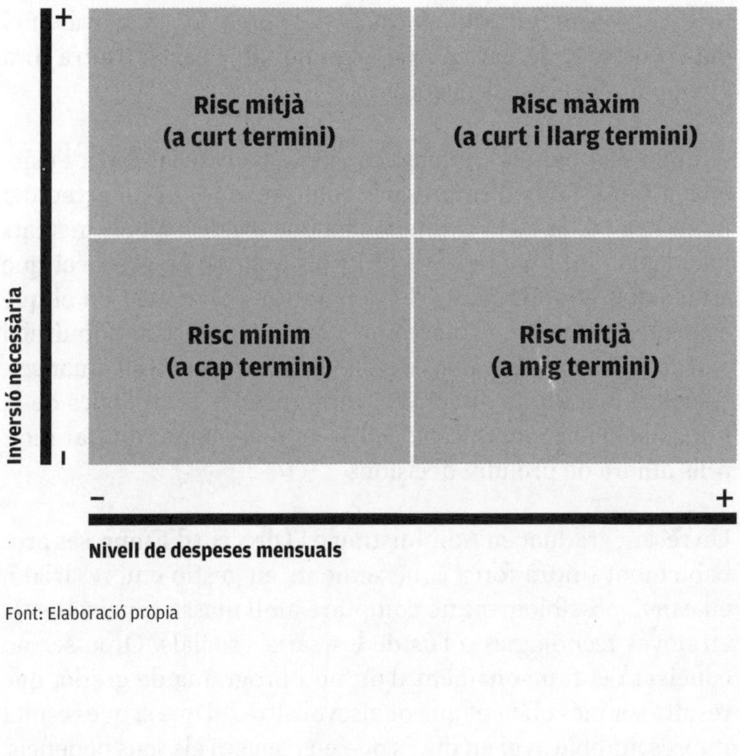

Font: Elaboració pròpia

6. No és necessari saber massa per obrir una empresa. I sinó, mira aquell...

Anteriorment, la típica imatge que li venia al cap a molta gent, quan pensava en un empresari, consistia en un home, fill d'empresari i màster en administració d'empreses, que anava tot el dia encorbatat, fumava puros, i que no sabia parlar d'altra cosa que no fossin els seus negocis.

Avui en dia, per sort, aquest concepte ha canviat força i existeixen tants tipus d'empresaris com persones hi ha arreu del món. Ara bé, la forta competència que existeix en els mercats nacionals i internacionals en tots els sectors, ha provocat que a més dels coneixements del seu sector i el mercat en el que es pretén treballar, és necessari que l'emprenedor adquireixi certs coneixements transversals —gestió empresarial, finances, fiscalitat, habilitats directives, comunicació, tecnologies de la informació i la comunicació, etc.—, que li poden resultar molt útils alhora de prendre decisions.

Un recent graduat en Administració i Direcció d'Empreses probablement tindrà força coneixements en gestió empresarial i, en canvi, possiblement no comptarà amb massa coneixements en noves tecnologies o l'ús de les xarxes socials. O potser no coneixerà el funcionament d'un nou programa de gestió, que resulta ser més eficient que qualsevol altre. El que sí que resulta imprescindible avui en dia és que en conegui els seus beneficis.

Per tot això, cal anar adquirint certes nocions en infinits àmbits, per tal de no anar venut quan demanem pressupost d'un producte. Un exemple molt clar el podem trobar quan portem a reparar el vehicle al mecànic. Si tenim unes mínimes nocions de mecànica, segur que podem parlar amb el mecànic a un altre nivell que si no en tenim ni la més mínima idea. Igual que amb els mecànics, això ens pot passar en qualsevol altre sector, on hi podem trobar gent honrada, o no.

En un altre sentit, existeixen persones emprenedores i empresaris que creuen que només ells són capaços de saber decidir i executar tots i cadascun dels processos en els què es troba l'empresa. Això porta a l'emprenedor a treballar jornades inacabables...

Així doncs, a més de tenir una formació especialitzada en un àmbit concret, una de les competències que ha d'adquirir tot emprenedor és la de saber subcontractar o delegar. Subcontractar en els seus inicis, quan encara no es pugui permetre la contractació de treballadors, i delegar quan tingui treballadors al seu càrrec. I tot això no s'aprèn amb la formació, sinó amb el temps i l'experiència. D'aquí que els emprenedors i empresaris d'èxit no ho siguin per casualitat sinó per haver sabut formar un molt bon compendi entre una formació inicial i una experiència que han adquirit amb els anys, sigui en la pròpia empresa o treballant per compte d'altri.

D'aquest compendi entre formació i experiència hem elaborat el següent gràfic, a través del qual hem pogut anomenar les diferents tipologies d'emprenedors. D'aquells que pretenen començar sense formació ni experiència n'hem anomenat *el jugador de pòquer*, perquè s'ho juga tot a una carta, i moltes vegades va de *farol.*

D'aquell que comença amb una molt bona formació i sense gairebé experiència n'hem dit *l'atrevit,* doncs solen ser persones amb molta empenta i que s'atreveixen amb tot. Aquest tipus d'emprenedors solen tirar endavant, tot i que amb força entrebancs, donada la seva inexperiència.

En canvi, *el confiat* és aquell que confia plenament en la seva experiència, tot i que és conscient —o no, en el pitjor dels casos— que no disposa de la formació adient.

I finalment, l'emprenedor realment *preparat* és aquell que barreja formació i experiència. Només un veritable terrabastall en podrà fer trontollar el seu projecte.

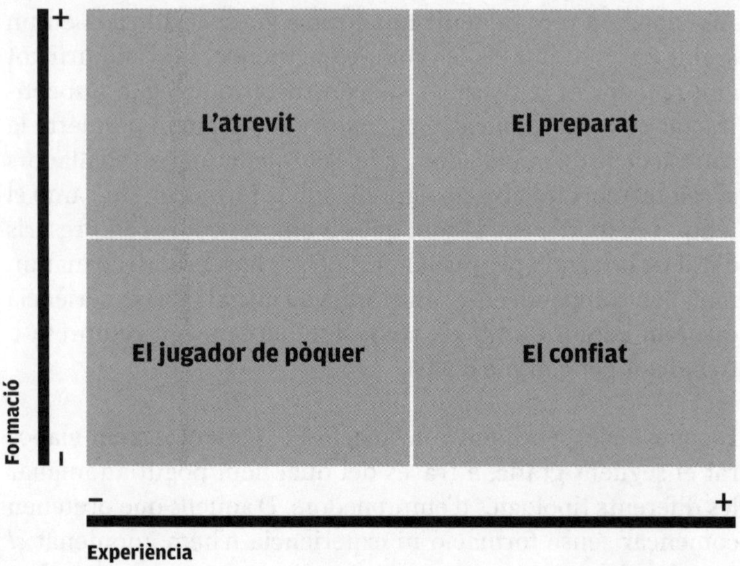

Font: Elaboració pròpia

7. Amb quina forma jurídica es paguen menys impostos?

Hi ha força emprenedors que acudeixen a les entitats de suport a la creació d'empreses sense una idea clara del que pot representar escollir una forma jurídica o una altra. Alguns altres venen amb una idea prefixada —i difícil de canviar— per alguns consells que els ha donat un amic, familiar o conegut.

Com que generalment aquest conseller no sol ser gestor ni assessor, les seves recomanacions no tenen perquè ajustar-se a la situació de la persona en concret. I precisament això és el que ha de fer l'emprenedor. Per comptes de triar la forma jurídica segons el que et puguin haver aconsellat, el més recomanable és escollir la forma jurídica que més li escaigui a un mateix.

Si bé és veritat que n'hi podrien haver més de formes jurídiques, o que en algun cas caldria revisar-ne els requisits i mirar de minimitzar els tràmits, fins ara no hem detectat cap emprenedor a qui no li escaigui una forma jurídica concreta, donada la seva situació (número de socis, capital mínim, responsabilitats...).

El més curiós del cas succeeix amb aquells emprenedors que duen la idea prefixada de crear una SL, sigui com sigui. I amb això no volem dir que les societats limitades no siguin una bona elecció. Sinó que, simplement, potser no és la millor fórmula donades les circumstàncies personals d'aquell emprenedor.

Si bé és cert que en la Societat Limitada es limita la responsabilitat amb segons quin tipus de deutes, també és cert que abans d'arribar al concurs, molts emprenedors deixen inactiva la societat o deixen el gestor perquè no el poden pagar o els sembla car, tot i funcionar l'empresa més o menys bé. Llavors, hem de tenir present que una societat ens limita la responsabilitat al capital aportat. Al mateix temps, també haurem de ser conscients que els seus costos són força més elevats que els d'un Empresari Individual.

Finalment, també cal tenir present que si canvia la situació concreta de l'emprenedor —per l'entrada de nous socis o la contractació de treballadors—, sempre estarem a temps de canviar una forma jurídica per una altra. O millor dit, donar-nos de baixa d'una per donar-ne d'alta una altra.

Per tot plegat, la millor recomanació és que demanem consell a un expert —i si pot ser a dos de diferents, millor—, i li expliquem la nostra situació amb tota sinceritat. De la mateixa manera que quan anem al metge li hem d'explicar la veritat del què ens passa i el per què si el sabem. Tant el metge com el sastre ens diran quin medicament o quin vestit ens escaurà millor, donat el nostre estat físic i les nostres mides, igual que el nostre assessor ens recomanarà la forma jurídica que més s'ajusta a les nostres particularitats.

8. El més important d'una empresa és la qualitat del producte

Amb l'esclat de la crisi econòmica i financera d'aquests darrers anys, que ha afectat especialment un país com Espanya, les grans marques tradicionals, sobretot de gran consum, han vist com proliferaven amb èxit les marques blanques —creades per diferents supermercats i grans superfícies—. Això ha portat que alguns mercats entrin en una guerra de preus acarnissada i generalitzada.

Alguns estudis indiquen que en certs productes, el consum de marques blanques arriba gairebé al 50%, quan fa uns anys el seu consum era pràcticament inexistent —10%-15% en el millor dels casos—. Això ha fet que les grans marques tradicionals hagin volgut refugiar-se en certs valors i conceptes per tal de conservar i retenir part de la seva clientela, i a la vegada justificar un preu superior del seu producte.

Un dels conceptes més utilitzats en aquesta justificació és el de la major qualitat, respecte la que poden oferir les marques blanques. Tot i així, tampoc aprofundeixen massa en aquest concepte de qualitat, entès com la perdurabilitat d'un producte i la seva resistència, o les propietats organolèptiques i vitamíniques que pugui contenir, en el cas de productes d'alimentació. Parlen de qualitat, sense donar-ne massa més detalls.

En una ocasió vam entrevistar un apicultor que ens explicava el procés de producció de la mel. Deia que l'únic inconvenient que té el seu producte, i que tots segurament coneixeu, és que quan fa fred, la mel es solidifica i la gent creu que és perquè s'ha fet malbé. Per això, les grans marques l'escalfen a elevades temperatures, per tal que això no passi i la mel es conservi sempre en estat líquid. L'inconvenient d'aquest procés —per això ell no l'utilitza— és que en aquest sobreescalfament, la mel perd gairebé la totalitat de les propietats i les vitamines que conté. En definitiva, que la major part del mercat se l'emporten les marques que venen un producte sense vitamines ni les propietats que els seus consumidors creuen que conté. Ara bé, que a l'hivern no es solidifica i es manté sempre líquida.

Amb aquest testimoni volem aprofitar per introduir un nou concepte que a molts artesans encara a dia d'avui se'ls passa per alt. I és que el sector alimentari, tot i que amb certes reticències, sembla començar a americanitzar-se, en certa manera. Això vol dir que més que atendre a la tradicional i més que coneguda relació qualitat-preu, sembla que tendeix a obeir més aviat al trinomi qualitat-comoditat-preu. Els consumidors ja no només tenim en compte el preu respecte la qualitat que creiem que percebem d'aquell producte, sinó també la comoditat alhora de preparar i consumir aquell producte. En això es basen, com a mínim la majoria de les principals marques de menjars preparats i congelats. Que ofereixi una bona relació qualitat-preu, i que a la vegada sigui fàcil de consumir.

I hi ha un altre factor que converteix en falsa l'afirmació de la qualitat del producte. I és que tot producte incorpora en moltes ocasions un servei associat, inherent l'un de l'altre. El cas més clar segurament el trobem en el mercat del pa. Sembla innegable que el pa més bo és el que es fa en un autèntic forn de llenya. Tot i així, la tendència del consum d'aquest pa s'ha reduït dràsticament en els darrers anys, i els forns de llenya semblen condemnats a desaparèixer. En aquest cas, coincideixen els dos fenòmens que acabem de comentar, el del trinomi qualitat-comoditat-preu i el del servei inherent al producte. D'aquí rau l'èxit del consum de pa de motlle, per exemple, o del cafè que ara es ven en càpsules. Probablement no és tan bo com el pa fet en un forn de llenya, o el cafè que venen els torrefactors, però permet consumir-lo una setmana més tard, sense haver-lo de congelar, o permet prendre un bon cafè en menys de 2 minuts, sense haver de netejar la cafetera en cada ús. I a més, te'l serveixen a domicili.

Finalment, no podem obviar les grans inversions en màrqueting que realitzen les grans marques, respecte les baixes o nul·les inversions que poden realitzar els productors artesans. Mentre les grans marques són recomanades per gent famosa o futbolistes de primer nivell, que anuncien els seus productes en tots els mitjans de comunicació, els productes artesans són recomanats exclusivament pel propi productor, sense ànim de desmerèixer ningú.

Això ens porta a l'etern debat del fons i/o la forma, difícil de resoldre en molts casos, amb tot i que en molts productes, darrerament s'ha decantat clarament pel segon concepte.

9. Per guanyar més, només cal baixar els preus

En la introducció dèiem que procuraríem evitar termes purament econòmics, que no poguessin ser entenedors per qualsevol persona. Per desmuntar aquest mite haurem de parlar de l'elasticitat del preu. L'elasticitat del preu és la sensibilitat de la demanda vers els canvis en el preu. És a dir, la variació que experimenta la quantitat demandada d'un producte o servei quan augmentem o disminuïm el seu preu.

A ningú se li escapa que existeixen productes en què quan augmenta el seu preu, pràcticament no veuen alterada la quantitat demandada, com passa amb la benzina o el tabac —potser per això estan altament gravats amb impostos?—. En canvi, n'hi ha d'altres en què varia força la quantitat demandada quan puja o baixa el seu preu. Això és degut a diversos motius.

Alguns d'aquests motius són les preferències i gustos dels consumidors, per un costat, i l'existència o no de productes complementaris i substitutius. Els productes complementaris són aquells en què el consum d'un producte ajuda a que se'n compri més d'un altre, de manera complementària. D'aquí el seu nom. Un exemple ben clar pot ser un aparell de DVD. L'augment del consum d'aparells de DVD facilita l'augment del consum en cintes de DVD, de la mateixa manera que l'augment de vendes d'automòbils comportarà un augment de consum de benzina, sense que en varïi el preu d'aquesta.

En canvi, en els productes substitutius ocorre justament el contrari. L'augment en el consum d'un bé pot comportar una reducció d'un bé substitutiu, sense que aquest varïi el seu preu. Un exemple prou esclaridor pot ser el pa de motlle i el pa de barra. Un augment en el preu del pa de motlle probablement repercutirà en un augment del consum del pa de barra tradicional, sense variar ni un sol cèntim el preu d'aquest darrer.

És per això que quan s'elabora el pla d'empresa, s'ha de parar especial atenció a la nostra competència, tant directa com indirecta, i en l'existència de productes complementaris i/o substitutius. Perquè si pretenem baixar el preu per augmentar els ingressos i resulta que la nostra competència —que té un molt bon producte substitutiu del nostre— també ho fa i, fins i tot, en major mesura, el més probable és que en comptes d'augmentar els nostres ingressos, veurem com aquests es redueixen.

Paral·lelament, en els inicis de la major part de les empreses existeix una mala pràctica que consisteix en començar amb uns preus baixos per tal d'introduir-nos en un mercat. I el pitjor de tot és que a vegades es mantenen baixos perquè no sabem com justificar les pujades en el preu a determinats clients.

Si bé en alguns casos és necessari utilitzar aquesta estratègia a curt termini, en molts altres es tracta d'una estratègia equivocada. Hem de tenir present que el preu és actualment el major indicador i informador de la qualitat i el valor d'un producte. És per això que en la recerca d'una bona penetració en el mercat, el que realment estem aconseguint és que el client ho percebi com un producte o servei de més baixa qualitat, quan en la major part dels casos no és així.

Aquest error també es produeix en determinades ocasions perquè és el propi emprenedor el que realitza en els seus inicis un cert menyspreu —menys preu— del seu producte o servei, degut a una falta de confiança en ell mateix.

L'emprenedor ha de fer valer davant un possible client valors com el de l'atenció personalitzada que pot oferir —especialment si es tracta del primer, per raons òbvies, doncs el tracte serà únic—, respecte el que li pot brindar la competència. També cal tenir molt present el que dèiem anteriorment, quan fèiem referència al servei inherent al producte que s'està oferint. Per posar un altre exemple, segurament hi haurà clients que només vulguin comprar les millors pomes que hi hagi al mercat. No obstant, això, la gran majoria preferirà unes pomes de més baixa qualitat a canvi de que les pugui demanar per internet, que les hi enviïn a casa, o que no hagi de creuar tota la ciutat per anar a comprar-les.

La societat de la informació i la comunicació en la que estem ara permet precisament això, disposar d'una major informació. I si inicialment semblava que l'àmbit cultural seria el principal beneficiat de les eines TIC —Tecnologies de la Informació i la Comunicació—, qui realment se n'ha vist afavorit són els consumidors, respecte de la major informació que poden obtenir dels productes i serveis que s'ofereixen arreu del món. Tenir una molt bona informació del mercat és un dels supòsits per tal que existeixi una competència perfecta. Llavors, segons aquest supòsit, gràcies a internet i a les tecnologies, comencem a estar ben a prop d'aconseguir-la.

10. El temps de constitució de les empreses és massa llarg. Si fos més curt, segur que se'n crearien més...

Existeix una creença generalitzada, traduïda en forma de queixa de certs emprenedors, en la que s'afirma que els tràmits i la burocràcia són uns dels principals factors que entorpeixen la creació d'empreses.

Si bé és veritat que una de les assignatures pendents de l'Administració ha de ser facilitar el marc legal per tal de promocionar i fomentar el desenvolupament econòmic, no és tant cert que la lentitud en els tràmits o l'excessiva burocràcia en un lloc concret tingui una relació directa amb el ritme de creació d'empreses d'aquell país. Dit d'una altra manera, sembla que l'índex d'emprenedoria d'un país depèn més d'altres factors —socials, culturals, econòmics, etc.— que no pas del volum de burocràcia existent.

La lectura positiva que en fem és que sembla que per l'emprenedor preval més el convenciment sobre el projecte de negoci que pugui tenir i la seva predisposició —així com la necessitat de treballar— que no pas les traves administratives amb què es pugui trobar.

Una explicació inicial la podem trobar en l'actual situació en què es troba Espanya. Per més esforços que s'han fet en els darrers anys per facilitar la creació d'empreses —existeix una modalitat de SL que es pot constituir en 48 hores i per només 100 euros—, l'actual context econòmic ha comportat que des del 2006 hagi caigut dràsticament el volum de noves empreses creades, i la taxa d'activitat emprenedora hagi caigut del 8,57% el 2006, al 6,38% el 2009 a Catalunya.

Per fonamentar aquesta primera impressió o percepció, cal recórrer a les dades que es desprenen de l'estudi GEM (Global Enterpreneurship Monitor o observatori global de l'emprenedoria) del 2010, perquè ens mostri aquesta relació.

En aquest estudi podem veure com existeix una relació gairebé indirectament proporcional entre la taxa d'activitat emprenedora i la facilitat en els tràmits per crear noves empreses. D'aquesta manera, països com Uganda, la Xina, Colòmbia o el Marroc —que probablement no es caracteritzin per les grans facilitats que poden oferir als seus emprenedors— dupliquen i tripliquen l'activitat emprenedora de països considerats desenvolupats com Estats Units, Alemanya o Japó.

Finalment, cal tenir present que en moltes ocasions el temps d'arrencada d'un projecte i el temps de constitució de l'empresa no solen coincidir. La majoria dels projectes comencen molt abans d'iniciar cap tràmit, especialment aquells en què s'han de realitzar obres en un local, per exemple.

També s'ha d'observar que els terminis que es presenten en els estudis solen fer referència a mitjanes, i a més, sovint parlen de constitució d'empreses, no de l'activitat autònoma, que cal recordar que representa el 75% de les activitats econòmiques de l'estat espanyol, en nombre.

El temps aproximat que pot trigar un autònom en donar-se d'alta, en el cas que no necessiti d'un local, és d'una hora. Sí, sí, una hora. En aquest temps puc donar-me d'alta a Hisenda i la Seguretat Social i començar a treballar com a autònom. I en el cas que necessiti d'un local, les llicències que no requereixen d'inspeccions ni projectes d'enginyeria —probablement la majoria— funcionen per silenci administratiu, que vol dir que es pot obrir el negoci des del primer moment, i l'ajuntament disposa d'un mes per fer-ne la inspecció. Passat aquest temps, la llicència s'entén concedida automàticament.

Tot i així, l'Administració ha d'entendre i simplificar la burocràcia associada a l'emprenedoria, exercint un paper de facilitador en tot allò que estigui al seu abast.

Part II

Perfils d'emprenedors

En aquesta part hem volgut recollir i homogeneïtzar els perfils d'emprenedors que hem anat tractant al llarg dels anys. Sabem que cada persona és diferent i que a l'hora de la veritat, perfils d'emprenedors n'existeixen tants com persones hi ha en el món. És a dir, no pretenem que ningú se senti identificat amb un perfil concret, sinó que, ens donarem per ben pagats si algú simplement es reconeix amb alguna de les característiques que en ells s'hi descriuen.

També cal afegir que és probable que t'identifiquis amb algunes característiques de diversos perfils. El que és important és que en reconeguis els defectes, i miris d'evitar els errors més freqüents que en ells es recullen.

Per tal que puguis identificar el teu perfil emprenedor i així conèixer els punts forts a explotar i les debilitats a treballar, et proposem que utilitzis el test que s'adjunta al final de la present part. Cal tenir en compte que els resultats del test, en cap cas, pretenen identificar-te amb un perfil concret, sinó descobrir quina part tens de cadascun dels deu perfils descrits. Com veuràs, el to que utilitzem per descriure'ls és maximalista i caricaturesc. En cap moment es pretén ofendre ningú. Només hem volgut recollir experiències i casos que hem anat coneixent i portar-los a l'extrem.

1. Mac Gyver

Definició

Una primera versió de l'emprenedor Mac Gyver és aquell que creu posseir una idea genial, que no pretén compartir amb ningú i no vol donar-ne cap tipus d'informació al respecte. «Tinc una idea que canviarà el món. Sóc un inventor i sempre tinc el meu cap en ple funcionament». Aquesta és la màxima d'un Mac Gyver, que amb un escuradents i un xiclet és capaç de tirar a terra un edifici de deu plantes. L'essència d'aquest emprenedor és la seva permanent il·lusió per inventar.

Com no pot ser d'altra manera, l'emprenedor Mac Gyver té molta por de que ningú li pugui robar la idea, doncs ell sempre seguirà creient que es tracta d'una idea genial. D'aquí que per comptes de compartir-la amb els seus amics i coneguts, acudeix a un centre de suport a l'emprenedoria per explicar-li a algun tècnic, no sense que abans el tècnic li hagi posat per escrit i sota jurament de que no dirà a ningú allò del que han estat parlant. Així, se solen donar situacions força còmiques quan parlen amb el tècnic d'empresa, ja que si pogués, parlaria en Morse o a través del llenguatge egipci.

Una vegada en vam atendre un que ens plantejava un invent i al mateix temps ens oferia la possibilitat d'invertir en el seu futur negoci. Es tractava de desenvolupar una torradora d'arengades. Senzillament calia agafar una estufa de butà d'aquelles d'abans, que tenien una petita pantalla de reixeta i adaptar-hi un estenedor metàl·lic que permetés penjar-hi les arengades. Aquest fantàstic invent havia de ser el futur. Els seus càlculs eren sensacionals: «tantes galeries hi ha a Barcelona, tanta demanda de torradora d'arengades tindrem. Anem a mitges?».

El camp de les idees fantàstiques és infinit, i una mina! Per exemple, aquelles pinces per apurar el tub de pasta dentífrica, un tap de llaunes per evitar que s'esbravi la Coca-Cola quan la deixes a mitges, un rellotge d'esquena... quants invents hi ha pendents de ser comercialitzats? I tots tant pràctics... Sembla mentida que la resta del món no comprengui com podem fer-ho per viure sense aquests estris que han de fer-te tant ric.

Una segona versió d'en Mac Gyver és l'emprenedor cercaidees. Aquest perfil està format per persones que tenen desig de crear una empresa i que no tenen cap idea clara —o en tenen vàries diferents, i totes boníssimes!—. Alguns d'ells s'adrecen als serveis de suport perquè els subministrin idees empresarials, amb la creença que aquests serveis disposen de bosses d'idees per dur a terme o varetes màgiques per atorgar subvencions i distribuir-les de manera indiscriminada.

Consells i recomanacions

Com explicàvem en un dels mites, la idea en sí no té massa valor, el que realment té vàlua és la manera de posar-la en funcionament, desenvolupar-la i fer-la créixer. Així que primer comença a vendre i després ja en parlarem de si et faràs ric o no...

També has de tenir present que les noves idees per a nous productes són els projectes més difícils de posar en funcionament. Senzillament perquè obrir-se pas al mercat amb un producte nou és massa difícil per a novells com nosaltres. És millor no obsessionar-se en crear nova demanda per a nous productes, sinó més aviat centrar-se en fer les coses aportant més valor que els altres, i si pot ser de forma més eficient. És a dir, potser és millor centrar-se en la innovació en base a nous processos, canvis en l'organització de l'empresa o canvis en la manera de comercialització, que no pas en la innovació basada en el producte.

Una altra manera d'innovar consisteix en basar-se en l'adaptació o la importació de productes o serveis que funcionen en d'altres indrets. Per posar un exemple, un producte amb tanta acceptació com el *Cacaolat*, no és més que una adaptació d'una beguda feta a base de llet i cacau importada d'Hongria ara fa uns 80 anys, on el producte ja gaudia d'una molt bona acceptació entre els hongaresos.

Perfils d'emprenedors amb qui associar-se

Son Goku: la teva imaginació i la seva empenta poden complementar-se bé. Tu dedica't a pensar, i veuràs com ell aconseguirà materialitzar el projecte en una bona empresa.

Perfils d'emprenedors incompatibles

David el Gnomo: ni se t'acudeixi engegar un negoci amb un artista. Això sí, quedeu per parlar del renaixement italià de finals del segle XV i us ho passareu la mar de bé.

Punts forts

Tens empenta, i això avui en dia és un bé molt preuat. A la pregunta de què fas els dissabtes a la tarda, segur que respons de tot menys quedar-te escarxofat al sofà.

Punts febles

Potser ets una mica il·luminat, però de Mozart només en neix un cada cent anys. No pots quedar-te només amb la idea, sinó que hauràs de veure com la poses en marxa.

Habilitats a treballar

Mira de tocar de peus a terra, i baixa de la lluna, eh... estem aquí baix!!! Ens sents?

Hauràs de treballar tot un seguit d'habilitats de manera transversal per tal d'adquirir competències en àmbits com la negociació, la comunicació assertiva i la gestió empresarial, entre altres. I mira-ho pel costat bo, de creativitat te'n sobra, i precisament aquest és un actiu força escàs avui dia.

Casos relacionats amb el perfil

L'inventor de meravelles
El *software* perfecte
I qui em dóna una subvenció?

2. Marge Simpson

Definició

Dit d'aquell emprenedor que relaciona diferents factors que creu que es concatenaran per art d'encantament i que en qüestió de mesos tindrà una empresa consolidada, i fins i tot una franquícia! Al seu parer, ho té tot pensat. Normalment existeix alguna pota de la cadira que sol fallar...

Un clar exemple es podria atribuir a aquella noia que al cap d'uns anys de casar-se decideix deixar la feina, perquè el marit té un bon sou, i passa a dedicar-se als fills i a la casa. Però els anys transcorren, els fills creixen i aquella noia ara és la senyora de, i necessita sentir-se útil per ella mateixa. I, d'altra banda, té la creença que ningú li donarà feina, després d'haver estat més de 15 anys sense treballar.

Ha sentit a la granja on fa el cafè amb llet cada matí que a l'Ajuntament hi ha un servei on «et busquen subvencions per obrir un botiga». A ella se li obren els ulls, té molta traça a fer collarets i complements en general i sempre ha tingut el somni de vendre'ls en una botigueta ben mona. Quan surt de la granja per anar a casa a fer el dinar ja està pensant de quin color pintarà la botigueta i quin nom li posarà.

Al vespre, sopant amb el marit, li planteja la idea. Ella està il·lusionada amb el projecte perquè després de quinze anys sabàtics vol tornar a la vida laboral. Ho veu tot molt fàcil, 1.000 euros de lloguer per un localet que arreglarà amb quatre prestatgeries d'Ikea i de seguida es posarà a fer arracadetes i penjolls amb els materials d'un majorista de Barcelona.

El problema ve quan, al final, decideix tirar pel dret i no va al servei municipal per assessorar-se, perquè ella sap molt bé com fer els collarets i no cal que ningú li expliqui com fer-los. Més endavant se n'adona que dur una empresa és quelcom més que fer collarets...

Consells i recomanacions

El projecte serà un desastre, la botiga no durarà ni dues campanyes de Nadal. El càlcul de costos no comptava amb una pila de despeses —inicials i de funcionament— com la llum, el telèfon, els autònoms, el seu sou i un llarg etcètera. La rendibilitat del negoci, lògicament, dependrà dels complements que vengui cada mes. Un cop hagin comprat les seves amigues, a la botiga costarà que hi entri gent.

L'èxit o el fracàs del projecte sol dependre dels marges amb els que es treballa, que solen ser molt reduïts: si per exemple els costos fixes i variables mensuals són de 3.000 euros i per cada peça venuda té un marge de 5, n'haurà de vendre més de 30 cada dia...

Potser per això s'explica que en temps de crisi econòmica, alguns tipus de comerços aguantin millor, com per exemple els bars i restaurants, perquè solen tenir uns marges comercials més elevats. Ara bé, tot i els marges comercials, cal tenir presents els costos fixes, que en la majoria d'ocasions acaben sent els principals causants del tancament del negoci.

Perfils d'emprenedors amb qui associar-se

Scooby Doo: les pors del teu soci poden ser bones, com a mínim per fer-te prendre consciència dels riscos associats al projecte. Però vigila, que a Scooby Doo no li entrin tants dubtes que no deixi que rutlli el negoci. Així que, un cop solucionats els dubtes, la teva impulsivitat ha de permetre superar les seves pors.

Perfils d'emprenedors incompatibles

Homer Simpson: a la televisió tot és possible, però a la vida real no t'ajuntis amb un Homer Simpson, que en aquest sentit és clavat a en Homer Simpson. Encara et convenceria per tal d'obrir una botiga de rellotges d'esquena.

Punts forts

Tens il·lusions i projectes personals. Aprofita aquesta vitalitat! Però pensa-t'ho dues vegades, no et vegis de cop treballant les 24 hores del dia sense guanyar ni cinc.

Punts febles

Deixa't aconsellar. Acosta't a una entitat de suport a l'emprenedoria i fes algun curs de gestió empresarial. I no tinguis pressa, que a perdre diners sempre hi ets a temps!

Habilitats a treballar

És probable que del teu negoci en sàpigues molt. Malgrat això, necessites aprendre conceptes empresarials que t'ajudaran a dur una bona gestió i fer una bona planificació abans de començar.

Casos relacionats amb el perfil

Tancat per manca de previsió
Zapatero a tus zapatos
La *birra* que es venia sola

3. Scooby Doo

Definició

Bona part dels emprenedors són aquells que tenen una idea empresarial bàsica i estàndard, i senzillament la volen contrastar, analitzar, i avaluar-ne la seva possible viabilitat. El perfil Scooby Doo és molt ampli i característic. No tirarà endavant el seu projecte sense haver contrastat la seva idea amb diverses persones del seu entorn. Però com que sempre es trobarà amb algú que no ho veu clar, com pot ser el seu pare o fins i tot l'àvia, això encara el farà dubtar més. Només li falta tenir el típic avi culé, patidor i poruc de mena, com en Marcel·lí Virgili o el Vicenç Martí del programa de ràdio Versió RAC1, perquè s'acabi fent enrere...

És un cagadubtes, però en canvi té una voluntat ferma de crear una empresa. Ho té tot molt clar. Malgrat tot, contínuament li falta l'empenteta final. Sempre té alguna excusa del tipus «aquest mes continuo cobrant l'atur i el mes vinent em faig autònom», o bé «tinc un parell de clients i encara puc facturar a través de l'empresa del meu amic, quan tingui algun client més em donaré d'alta».

Els Scooby Doo normalment esperen que algú els hi posi una catifa vermella per entrar a Hisenda i fer el primer pas. Arriba un moment que es fa difícil destriar la mandra de la incertesa, i ho barrejen amb excuses d'allò més originals. Sempre amb *l'ai, no ho sé, potser ara no és el moment.*

Un exemple molt característic d'aquest tipus d'emprenedors són aquelles persones a qui els han fet fora d'una empresa perquè anava malament. Coneixen el sector, coneixen el mercat i fins i tot poden començar ja amb algun client, però sempre els hi costa fer el primer pas. Sembla que hagin de superar una època de dol de l'anterior feina, abans no acaben d'arrencar. I això que en la major part dels casos no els han fet fora per la seva ineptitud, sinó perquè el que era un inepte era el seu cap, o simplement l'empresa estava fent aigües i calia retallar per algun lloc...

Consells i recomanacions

Tira't a la piscina, home, que sovint hi ha aigua! Esforça't des del primer moment i sigues només tu el responsable dels teus actes. Si una cosa té de bo ser emprenedor és que tot depèn única i exclusivament de tu, i res del que et passi serà culpa dels altres.

A més, molts dels emprenedors que comencen a mitges tintes no acaben d'arrencar mai. Això passa perquè el client sol percebre aquesta manca de confiança que mostra l'emprenedor quan es disposa a vendre. Potser perquè només treballa a mitja jornada, o perquè encara no guanya prou com per mantenir-se. Al final, acaba sent un peix que es mossega la cua...

Perfils d'emprenedors amb qui associar-se

Marco: si li expliques la teva idea, ell trobarà la manera de tirar-la endavant. Amb les seves ganes de menjar-se el món i la teva precaució arribareu força lluny!

Perfils d'emprenedors incompatibles

Jack Sparrow: si et busques un Jack Sparrow de parella de ball ja has begut oli. No formalitzareu mai res, sempre a l'espera de la millor subvenció.

Punts forts

Dubtar és positiu si saps què vols i cap on vols anar. I com més dubtes resolguis més t'aproparàs al teu objectiu final, que no ha de ser altre que guanyar-te la vida treballant.

Punts febles

Ja et pots anar acostumant a la incertesa, perquè l'emprenedor viu en una incertesa permanent...i si no ho veus clar, espera't! A vegades les situacions inicials canvien de manera inesperada i pot ser que donant veus, trobis un soci o un local en traspàs força més econòmic.

Habilitats a treballar

Quina mandra sortir a buscar clients, oi? Caldrà que treballis les habilitats comercials. A partir d'ara seràs tu qui faci la feina i qui gestioni l'empresa, i també qui hagi de sortir a vendre quan toqui... prepara't un bon *book* de la teva experiència professional, i un bon argumentari de vendes, que sempre fa falta per rebatre els dubtes dels potencials clients.

Casos relacionats amb el perfil

Realment val la pena?
A la segona va la vençuda!
Zapatero a tus zapatos

4. Jack Sparrow

Definició

El perfil de l'emprenedor Jack Sparrow sol ser el de persones emprenedores que segurament ja estan autoocupades de manera irregular i que s'adrecen a les entitats de suport a l'emprenedoria per tal de legalitzar la seva situació. Són fàcilment detectables perquè parlen dissimulant i fent veure que no els interessa el que els hi expliques. Normalment el seu negoci els hi funciona perfectament, però s'acosta la data de fer la Declaració de la Renda, i ara tot són corredisses. A més, ha sentit a dir que pot capitalitzar l'atur i que com que és jove, encara té possibilitats de pagar-se la furgoneta nova amb els diners de la subvenció de la Generalitat.

Si encara no ha començat l'activitat, segur que té una idea molt clara sobre l'empresa que vol crear i, en definitiva, només busca informació concreta sobre com tramitar la subvenció de la qual ha sentit parlar. No té cap dubte respecte a la viabilitat del seu projecte i creu que fer el pla d'empresa no li servirà de res. Només li interessa la subvenció, sense pensar que quan li arribi, potser el seu negoci ja haurà fet aigües...

Aquest perfil d'emprenedor acostuma a tenir claríssim que el seu projecte no només és viable sinó que s'hi guanyarà molt bé la vida. De fet, arribarà a assegurar que el seu negoci depèn de l'import d'aquesta subvenció: n'obtinc 10.000 de l'ICO, 5.000 de la capitalització i 5.000 més de la Generalitat. Total, 20.000 euros. I pim, pam, amb això ja en tinc per un any d'anar tirant!

L'activitat de la seva empresa sovint és d'algun sector massa proper al *treball en negre*, i de fet com que tothom ho fa, ell pot anar tirant de beta...

Aquest perfil l'anomenem emprenedor perquè en principi tothom que tira endavant una iniciativa empresarial se'n pot considerar. Però, en molts casos, podríem dir que s'hi ha trobat per casualitats de la vida i ha d'exercir d'emprenedor en tant que s'ha de fer autònom.

Alguns d'ells són emprenedors de segona generació, que continuen les feines dels seus pares. És sorprenent constatar com en alguns sectors encara segueix vigent la figura del fills que fa d'aprenent del seu pare. Tots coneixem algun transportista, electricista, mecànic, paleta o manyà, i el coneixem pel diminutiu del nom que té el seu pare, ara a punt de jubilar-se i deixar la clientela al fill.

Consells i recomanacions

No siguis màfies, home, i paga impostos com tothom! Tingues en compte que les ajudes i subvencions són com la pluja, i que la major part de les vegades només plou sobre mullat. O sigui, que mai calculis la viabilitat del teu negoci en funció del que puguis cobrar algun dia en concepte de subvenció. Les coses no funcionen així.

El problema amb el que es troben aquest tipus d'emprenedors és que sovint calculen les despeses de l'activitat en comparació amb les que tindrien si seguissin treballant en negre. D'aquesta manera, mai acaben de veure que els hi surti més a compte cotitzar a la Seguretat Social o pagar impostos. Bé, mai no. Quan volen demanar la prestació d'atur o estan a punt de jubilar-se, llavors sí que se'n solen recordar... però llavors ja és massa tard per reclamar res.

Quan parlem d'aquest perfil tenim la sensació de que la majoria de la gent pensa sempre en autònoms que facturen pocs diners. Res més lluny de la realitat... Si bé és cert que existeix un bon nombre d'autònoms que compleixen aquestes característiques, algunes actituds i vicis són difícils de canviar, fins i tot quan l'empresa creix. Hi ha casos en què cada vegada el sistema es torna més complex per tal de saltar-se la llei, i al final alguns entramats es converteixen en veritables obres d'enginyeria comptable.

Així doncs, cal que vigilem amb els cants de sirena que ens diguin que el més barat és no donar-se d'alta a Seguretat Social o mirar de facturar en negre, perquè aquestes actituds es poden perpetuar i al final no sabrem ni com sortir-nos-en.

Si resulta que el negoci és viable gràcies a la subvenció, i a l'estalvi de *despeses* en forma d'impostos que deixem de pagar, en el fons deu voler dir que massa viable no és. Així que caldrà que miris de buscar nous clients, per cobrir el conjunt de totes les despeses que comporta la teva activitat. I vigila, que tens el cocodril darrere teu!

Perfils d'emprenedors amb qui associar-se

Marge Simpson: amb aquest perfil ets compatible. Tu hi poses la idea, la feina, i la Marge podrà sentir-se realitzada. Ara bé, mira de no embolicar-la a ella en els teus merders... només li faltaria aquest disgust al seu marit...

Perfils d'emprenedors incompatibles

Fred Flintstone (Pedro Picapedra): quin duet!! Dues potes de la mateixa cadira. Amb el vostre tarannà *freerider* això aviat semblarà la Itàlia dels anys 60.

Punts forts

Coneixes bé la teva professió, saps com funciona el negoci i saps com obtenir clients. Aprofita-ho. A més, tens clara la teva idea i tens una ferma voluntat de tirar-la endavant. Cap problema, el món és dels que saben aixecar-se cada vegada que cauen.

Punts febles

És possible que et falti una empenteta per tirar endavant projectes nous, nous clients, nous serveis, noves maneres de fer les coses. Per altra banda, cal que interioritzis que mai serà viable un projecte empresarial que depengui d'una subvenció. El gimnàs que vols muntar no és viable a llarg termini a base de subvencions.

Habilitats a treballar

Et podríem recomanar alguns cursos de gestió empresarial i planificació econòmicofinancera, però el teu principal punt feble no és aquest. Potser el millor és que visitis un hospital, una escola o un centre de dia públic perquè vegis en què es destinen els diners que provenen dels impostos...

Casos relacionats amb el perfil

I qui em dóna una subvenció?
L'etern traspàs
Realment val la pena?

5. Fred Flintstone (Pedro Picapedra)

Definició

Fred Flintstone és aquell emprenedor que no necessita ni assessorament ni adquirir cap tipus de coneixement. Ho sap tot. Només s'acosta a una entitat de suport a l'emprenedoria per complir amb el tràmit administratiu que comporta tramitar alguna ajuda o subvenció. Si fa alguna pregunta és només per curiositat i per corroborar el que ell ja sabia.

Tot i així, abans de marxar, sempre farà alguna pregunta que el posarà en evidència, o a través del pla d'empresa descobririem que ni ho sap tot, ni tan sols està a prop d'aconseguir-ho. Se'l reconeix perquè en algun moment se li escaparà la frase: «tu, a mi, què m'has d'explicar d'aquest sector, hi porto molts anys treballant i en tinc el cul pelat».

Com que ell està per sobre del bé i el mal, segurament s'estamparà ell i les seves idees genials de la manera més cruel. O no, ves a saber, potser resulta que sí que ho sap tot i d'aquí dos anys et vindrà a fer una visita amb el seu flamant Hummer nou de trinca. Ara bé, fins el moment, no coneixem cap emprenedor que ens hagi vingut a veure amb un Hummer, i molt menys aquells que mostren certa tossudesa o supèrbia.

En Fred ja fa temps que té coll avall el projecte que vol tirar endavant, i si algú el vol assessorar ha de ser des de la modèstia del qui està dos esglaons per sota seu. El mateix que li passa al seu amic Barney (Pablo) en els dibuixos.

Per exemple, ell vol obrir un gimnàs i sap perfectament les màquines de *spinning* que hi ha de posar, la seva distribució, i de com es situarà ell per fer les classes. Fins i tot ja ha fet el CD de recopilació amb la música que hi *punxarà*. Ara bé, quan fem quatre números del que val cada bicicleta d'aquestes infernals, i del número de sessions que caldrà fer per amortitzar-les, és molt possible que no torni mai més perquè li has aixafat la guitarra. I a un Flintstone ningú li aixafa la guitarra. Fins aquí podríem arribar...

Consells i recomanacions

Baixa del burro, home! Escolta i seràs escoltat. Potser et falta filosofia hindú o alguna altra història oriental. *Oooommmm*. Pensa que destinar un cert temps a fer el pla d'empresa et pot ajudar a estalviar-te algun ensurt. Dedica una mica de temps a fer el pla d'empresa i t'estalviaràs un fracàs posterior.

Malauradament al llarg dels anys hem conegut uns quants Freds, que ens han trucat més tard lamentant-se de no haver-nos fet cas, ni tan sols haver-nos escoltat una miqueta...

Perfils d'emprenedors amb qui associar-se

David el Gnomo: potser si t'ajuntes amb ell, que és artista, et proposarà pintar les bicicletes de color rosa i fer un gimnàs només per gais i lesbianes. Mira, potser cal fer volar coloms per donar força a la teva idea.

Perfils d'emprenedors incompatibles

Scooby Doo: ves amb compte amb els cagadubtes. Tu necessites seguretat de la mateixa manera que ofereixes supèrbia.

Punts forts

La seguretat és un punt fort. Diuen que a les discoteques el que triomfa més és el que va amb més seguretat, potser això ho podríem aplicar al món dels negocis.

Punts febles

La veritat absoluta no existeix. *Nada es verdad ni es mentira, todo es según el color de la camisa de Elvira, de Julia o de Leonor.* Potser et caldria matisar la pedanteria. L'excés de confiança pot provocar rebuig i aquí sí que se't giraria tothom en contra. I la humilitat és un bé força escàs. De fet, si fos per tu, estaria en perill d'extinció...

Habilitats a treballar

El teu excés d'individualisme i, sobretot, el sentir-te el mèlic del món et tanca més portes de les que t'obre. Cal que treballis l'empatia, escolta als altres i tingues predisposició per aprendre.

Casos relacionats amb el perfil

La *birra* que es venia sola
I qui em dóna una subvenció?
On són els meus clients?

6. Son Goku

Definició

En Son Goku és un dels perfils d'emprenedor característic dels que acaben triomfant i dirigint una empresa de deu o més treballadors.

El problema de l'emprenedor Son Goku és que vol ser un especialista en l'activitat que ell desenvolupa, però també en comptabilitat, fiscalitat, finances, producció, màrqueting... i fins i tot et pot cosir un botó de la camisa, perquè està fent un postgrau en camiseria i gestió de botons.

A vegades acaba tornant a veure el tècnic de l'entitat de suport amb tot un reguitzell de reclamacions i requeriments d'Hisenda, així com esborranys de declaracions pendents de presentar i tot un seguit de coses que segurament tretes de context no tenen cap importància.

Aquest perfil pot tenir molt clara una idea de negoci, i està tan convençut i envalentonat, que ell sol podrà contra el món sencer. Ara té un moment per concentrar-se amb el pla d'empresa, però d'aquí a mitja hora ha quedat amb un possible proveïdor que va trobar a internet, després dinarà amb un possible client i, a la tarda, ha quedat amb el dissenyador gràfic que li farà les targetes de presentació.

Lògicament un dels seus trets característics és l'habilitat que tenen amb els missatges de text que fan anar amunt i avall amb la BlackBerry o enginy similar. Podràs reconèixer-los per l'atac d'angoixa que pateixen quan se la deixen a casa.

Un altre dels dilemes típics que se li pot presentar és en el moment en què tingui un producte que triomfi a escala mundial, perquè no es concentrarà en fer créixer el negoci mica en mica, sinó que pretendrà crear una multinacional de 300 treballadors de la nit al dia. I això és força més complicat. Quan el banc li suggereixi que rebaixi les previsions de creixement o li manifesti que no veu clara la inversió, de seguida recorrerà a les xarxes d'inversors privats, pensant també que d'un dia per l'altre tindrà els diners, sense saber que per recórrer a un inversor cal d'un temps i d'una reflexió i anàlisi previs.

Consells i recomanacions

Delega, subcontracta i dedica't a fer el que saps. Només en Son Goku és capaç d'estar a missa i repicant. Tu saps estar a dos llocs en el mateix moment? Estableix les teves prioritats i gestiona el temps de la manera més eficient possible. Però no vulguis córrer més que el mateix temps, o cauràs a mitja cursa...

Pensa que imperis tant grans com la Coca-Cola, el grup Inditex o la cadena de restaurants Viena han començat amb un petit comerç local i han necessitat més de 30 anys per conquerir el món. I fins i tot monstres moderns com Google també han necessitat un temps de desenvolupament i testeig. Analitza també si realment requereixes d'una inversió externa i si estàs disposat a renunciar a una part de la teva empresa. I recorda que el millor dels finançaments és el que t'ofereixin els teus clients...

Perfils d'emprenedors amb qui associar-se

Flautista d'Hamelin: Òbviament el taló d'Aquil·les de molts emprenedors és el vessant comercial, especialment en el teu cas. Si t'associes amb un perfil comercial el negoci pot prendre una molt bona embranzida.

Perfils d'emprenedors incompatibles

Marco: amb les presses que té un emprenedor Marco per aconseguir feina i les teves ganes de menjar-te el món, segur que anireu a vendre a Austràlia abans que a l'empresa de la cantonada.

Punts forts

Tens tot el teu negoci al cap, això és bo. Saps perfectament què vols i què has de fer per assolir-ho. I encara és millor si ho saps plasmar per escrit. Confies molt en el teu negoci i és possible que algun dia arribi a ser internacionalment conegut. Però que tingui èxit a nivell internacional, moltes vegades depèn de que sigui reconegut també a nivell local. Aconsegueix focalitzar el segment de mercat adient, tenir satisfet el teu client i identificar el *core business* del teu negoci.

Punts febles

Ets una persona molt proactiva i a la vegada dispersa, i això pot fer que sovint t'oblidis d'algunes tasques importants, encara que no urgents. Estàs pròxim a una crisi d'ansietat. No t'oblidis d'anotar a l'agenda la medicació de suport que necessites per tirar endavant el teu projecte... Pensa en local i actua —de moment— també en local.

Habilitats a treballar

Hauràs de treballar conceptes com la concentració i la gestió del temps. A vegades et semblarà que has treballat molt, però fins que no trobis la font de valor del teu negoci, no acabaràs d'anar ben encaminat.

Casos relacionats amb el perfil

On són els meus clients?
El *software* perfecte
L'inventor de meravelles

7. David el Gnomo

Definició

David el Gnomo és aquella persona amb un perfil tècnic o extremadament artístic, i un gran expert en la seva especialitat. Per exemple, pot ser el cas d'un dissenyador gràfic o d'un arquitecte. Però no li parlis de plans d'empresa perquè ell el que vol és començar a facturar. Sovint ja treballa per alguns clients, però segurament amics i/o familiars. Treballa bé però se li fa una muntanya tota la paperassa administrativa. I de la tasca comercial, millor ni en parlem. De fet, si posés en ordre tots els papers, si facturés de seguida que acaba les feines, i si fes un major seguiment dels seus clients, segur que la seva empresa tindria uns resultats força més positius.

En David el Gnomo acostuma a prendre la decisió de treballar amb un gestor, que moltes vegades segur que acabarà essent la seva parella, un amic o un familiar. Pobres, després de tota la seva jornada laboral encara els faràs treballar revisant les teves factures i fent-te la declaració d'IVA...

Un altre dels problemes que hauràs d'afrontar és que com que encara creus que aquest món s'hauria de moure sense diners, simplement intercanviant gallines per hortalisses, com en les antigues civilitzacions, hi ha moltes feines que no cobres. I precisament per això, sempre et queixes de no tenir-ne tu de diners. Has d'entendre que el diner és una mesura de valor, que les teves hores de feina tenen un cost i tocarà facturar-les i cobrar-les. Millor rebre euros per la teva feina que no pas una cistella d'hortalisses, oi?

Consells i recomanacions

A ningú li agrada la paperassa, aprèn a fer seguiment i a controlar la facturació. Tant senzill com això: quan acabis una feina envia ràpidament la factura i cobra-la tant ràpid com puguis. Al cap i a la fi, has creat una empresa per guanyar-te la vida, no ets una ONG.

Aprèn a valorar-te i a confiar en la teva feina. I busca clients més enllà del teu cercle més proper. Vendre a gent que no et conegui de res t'ajudarà a guanyar confiança en tu mateix. Hauràs de vigilar perquè en aquest món sempre hi ha gent que pretén aprofitar-se'n i sovint mirarà de trobar una excusa per no pagar-te. Fuig dels Trolls i les mofetes *con tu gorro y con tu zorro* abans no se't mengin a tu i als teus beneficis!

Perfils d'emprenedors amb qui associar-se

Flautista d'Hamelin: amb un perfil comercial podeu ser força compatibles. Deixa que ell s'encarregui de tota la tasca comercial i tu dedica't a dissenyar o desenvolupar els projectes. Ara bé, assegureu-vos de comptar amb un bon gestor, perquè el necessitareu...

Perfils d'emprenedors incompatibles

Son Goku: a l'emprenedor Son Goku li agrada treballar tant com a tu, però cap dels dos sou grans venedors. I mentre tu només tens clients entre la família, ell els seguirà buscant arreu del món. L'un per l'altre, la casa sense escombrar, que diuen...

Punts forts

Saps fer bé la teva feina, has escollit guanyar-te la vida amb alguna cosa que fas bé. La gent et valora per la teva professionalitat i perfeccionisme. Confia una mica més amb tu mateix i aprofita-ho!

Punts febles

Per desídia teva i excés de confiança envers els altres, encara has de cobrar les feinetes que vas fer l'any passat dissenyant els díptics dels cursos d'estiu que organitzava el Casal del teu poble... Mira de vendre una mica més lluny de la porta de casa i veuràs com el tracte serà ben diferent.

Habilitats a treballar

Potser hauries de practicar la negociació amb el client i procurar fer un argumentari de vendes, especialment respecte els teus honoraris. Quan tu t'ho comencis a creure, segur que podràs convèncer més fàcilment els teus clients...

Casos relacionats amb el perfil

El *software* perfecte
Realment val la pena?
Tancat per manca de previsió

8. Homer Simpson

Definició

Quin pal de feina que tens, oi...? Tot el dia assegut davant de l'ordinador. Amb això de la crisi, i com que segurament et faran fora, serà el moment de crear el teu negoci. Potser podries muntar una botiga de llaminadures. O no, millor encara, podries muntar un bar musical. I tant!! Ja ho tens. Podries dedicar-te al que t'agrada. Tens moltes amistats que segur que vindrien a fer unes copes, t'agrada la música, podries convidar grups novells a tocar, fer degustacions de cervesa artesana, un club de *singles*, un club de viatgers intrèpids, i vinga, que la nit és jove!

Ara quan et paguin la indemnització preguntaràs el preu pel traspàs del Crom, aquella mítica sala de festes que diu que tanquen. Serà un èxit. Per cert, pregunta també si pots fer un club de fumadors per saltar-te la llei del tabac, perquè sinó el teu projecte no acabarà ni veient la llum.

El Homer Simpson és un etern buscador de la felicitat. Sempre pensa que mai acabarà de trobar la feina que realment li escau. Quan la trobi, s'hi dedicarà en cos i ànima, però mentre no la troba, va tirant...

El problema és que, generalment, en Homer no fa cap mena de reflexió profunda que el porti a descobrir allò que realment l'apassiona, sinó que es deixa portar pels impulsos i s'enlluerna pensant que aquella idea que ha tingut és brillant. I només hi veu el costat bo. Ara bé, si aquella activitat que ha decidit tirar endavant no li acaba d'agradar, ni realment el motiva, té moltes possibilitats de tancar aviat. Dit d'una altra manera, si el principal motiu de crear una empresa acaben essent els diners i el negoci no t'agrada realment, rarament acaba sortint bé, donat que el primer any no sol ser prou rendible en l'aspecte econòmic.

Consells i recomanacions

Vigila els impulsos! No sigui que quan et llevis te'n adonis que has anat al llit amb la més lletja de la festa...

Podries fer ioga per controlar els teus impulsos vitals i escoltar els consells que et dóna la gent que toca de peus a terra. Respira, compta fins a deu i grapa't a la cadira on estàs treballant. Potser no tothom ha nascut per crear una empresa. Assegura't de saber el que fas, perquè una empresa requereix molt d'esforç i molta dedicació i si no és ben bé el que t'agrada, s'acabarà convertint en un calvari.

Aprofita el temps que estiguis a l'atur per conèixer professions i empreses del teu voltant i veure què és el que fan. I quan hagis trobat allò que t'agrada, procura saber quins són els punts clau del negoci. Especialment en el cas dels comerços sembla relativament senzill copiar algun dels que els hi va millor en el barri. El que hauràs d'observar és que probablement un dels seus secrets és els anys que fa que hi són i que tenen una clientela força fidel. En canvi, tu tot just acabaràs de començar i encara et preguntaràs què fas de malament per no tenir els mateixos clients que ells.

Perfils d'emprenedors amb qui associar-se

Son Goku: clarament tu necessites una persona que t'aclareixi les idees. Algú que t'ajudi a veure que cal dedicar-se al que un mateix sap fer i no deixar-ho tot a mercè del vent. Només que t'encomani una mica de la seva vitalitat trobaràs l'ànim suficient per dedicar-te al que t'agrada.

Perfils d'emprenedors incompatibles

Marge Simpson: Precisament la Marge i tu esteu buscant la mínima excusa per muntar el que sigui i començar a donar-li sentit a la vostra vida. Recorda que estàs creant una empresa i arriscant uns diners i no pas practicant un dels teus *hobbies*.

Punts forts

Ets imaginatiu i tens moltes ganes de fer coses. Vols guanyar-te la vida amb alguna activitat que et motivi i això és bo. Només cal que t'orientis i que et fixis uns objectius clars i concisos.

Punts febles

Està bé treballar del que t'agrada, però la il·lusió per una feina nova a vegades és com l'amor: dura el que dura. O t'hi guanyes bé la vida o en menys d'un any n'acabaràs fart. Comença per pensar a què et vols dedicar els propers anys i després ja faràs el pla d'empresa.

Habilitats a treballar

Potser més que treballar habilitats concretes et recomanaríem que aprofundeixis en la recerca d'aquella activitat per la qual tinguis habilitats i alhora et garanteixi unes certes expectatives de viabilitat futura.

Casos relacionats amb el perfil

Zapatero a tus zapatos
L'inventor de meravelles
La *birra* que es venia sola

9. Flautista d'Hamelin

Definició

Hi ha persones que ja de ben petites tenen una habilitat especial per negociar i vendre qualsevol cosa. Ho negocien tot. Li diguis el que li diguis sabrà com donar-li la volta per acabar sortint-se amb la seva. I vigila, que encara et farà canviar a tu d'opinió i tot!

Moltes d'aquestes persones, degut a aquesta habilitat gairebé innata, decideixen obrir-se camí en el món comercial, sigui en el sector que sigui. Després d'uns quants anys treballant per diverses empreses i havent anat aconseguint fites prou importants, decideixen que ha arribat l'hora de treballar per ells mateixos. A vegades entren en conflicte amb l'empresa per qui treballen, perquè és difícil de decidir de qui és el mèrit de mantenir un client: si és gràcies a l'habilitat del comercial i la confiança que transmet, o és gràcies a la qualitat del producte i els bons serveis afegits que ofereix l'empresa. Per això moltes vegades el conflicte acaba en litigi. Però generalment el comercial se'n surt amb la seva, i s'enduu uns quants clients per poder arrencar el seu propi negoci.

El problema ve quan el comercial se'n adona que portar una empresa no és només desenvolupar la tasca comercial, que tant bé se li dóna, sino que generalment implica una feina administrativa i certes tasques de gestió. I això a vegades pot fer que el negoci navegui a la deriva...

El Flautista d'Hamelin creu que amb una millora en la gestió de l'empresa on treballa es podrien oferir preus més competitius; és per això que quan engegui el seu projecte, erròniament, es veurà amb cor de començar amb forts descomptes, que de mica en mica faran insostenible el negoci.

Consells i recomanacions

Has de començar a canviar el xip i entendre que ja no ets només un comercial d'una empresa, sinó que ara, a la vegada ets el gestor. Així doncs, abans de marxar de l'empresa, caldrà que coneguis quines són totes aquestes tasques que fins ara feien d'altres companys.

Assegura't que el teu perfil estrictament comercial no deixi desateses les altres activitats de l'empresa, fent disminuir el valor del teu negoci i donant un pitjor servei del que tenien abans. I el que és pitjor, posant en perill la seva continuïtat com a client. També hauràs de calcular els costos d'aconseguir nous clients. Moltes vegades resulta més rendible mirar de vendre nous serveis a clients actuals, que no pas serveis vells a nous clients. Per tant, mira de prioritzar la fidelització de clients i l'augment de la facturació via clients actuals.

Calcula també els teus marges reals i el nivell de facturació a partir del qual pots contractar a algú. Hi ha persones que comencen des del principi amb un ajudant a mitja jornada i es queixen de tenir masses despeses, i d'altres que comencen sense ningú, i es queixen de no tenir temps per res. Si calcules el teu punt mort amb i sense ajudant, de seguida sabràs quan pots permetre't contractar-lo.

Perfils d'emprenedors amb qui associar-se

Son Goku: En Son Goku generalment sap fer de tot. I precisament el que més odia és realitzar la tasca comercial. Així que tots dos podeu arribar molt lluny. Tu dedica't a la feina comercial i ell s'encarregarà de la resta.

Perfils d'emprenedors incompatibles

Mac Gyver: Amb en Mac Gyver no arribareu mai enlloc. Ell sempre pensant en nous projectes meravellosos però de difícil aplicació. Et costarà un infern vendre un sol dels seus invents.

Punts forts

A la vida, tots ens hem de vendre d'una manera o altra. Per la majoria d'emprenedors és un punt feble. En canvi tu, això, ho tens més que superat. Aprofita aquest avantatge i mira de posar ordre en el teu dia a dia.

Punts febles

No ets gens organitzat ni metòdic. N'hauràs d'aprendre. Preocupa't de conèixer bé l'escandall de costos abans de fixar el preu, sinó t'arrisques a vendre per sota del seu propi preu de cost.

Habilitats a treballar

Hauràs d'acceptar que les tasques administratives requereixen un cert temps, i que tard o d'hora requerirà de la teva atenció.

Treballa la gestió del temps si no et vols veure els diumenges a la tarda fent factures.

Casos relacionats amb el perfil

A la segona va la vençuda!
On són els meus clients?
L'etern traspàs

10. Marco

Definició

L'emprenedor Marco generalment s'associa a una persona que ha hagut de canviar de país per trobar feina. No es tracta únicament dels immigrants que arriben a Catalunya per buscar feina, sinó també dels catalans que han de marxar fora per a poder treballar.

El fet de recórrer món per buscar-se la vida permet que l'emprenedor Marco tingui una visió més àmplia d'algunes de les tendències de consum a nivell mundial, segons el país del que provingui i en el que s'instal·li. Però a la vegada, fa que no conegui les particularitats de la cultura i la idiosincràsia local, així com el seu marc legal. I això pot resultar ser una bomba de rellotgeria. A vegades pot donar coses per descomptat perquè en el seu país d'origen funcionen així, i després es troba que en la seva destinació és completament diferent.

Un altre dels inconvenients amb els que ha de lluitar en Marco és que en moltes ocasions, degut a la seva situació irregular burocràticament parlant, s'arrisca a iniciar una activitat per necessitat, més que no pas per detecció d'oportunitat. I la necessitat té aquestes coses... mentre, per un costat, ens ajuda a espavilar-nos en qualsevol situació, en ocasions ens pot fer córrer presses indegudes amb resultats del tot inesperats...

Una de les oportunitats de negoci força recurrents d'aquest perfil d'emprenedor sol ser la importació i exportació de diversos productes. Aquesta pot ser una bona sortida donat que coneixen els costums i hàbits —així com l'idioma— del país d'origen i també el de destí. Però de la mateixa manera que en la legislació local,

cal analitzar el mercat i conèixer la legislació internacional d'intercanvi de mercaderies, així com les condicions i particularitats del comerç internacional —duanes, aranzels, assegurances, incoterms, etc.—. Per tot això, el més recomanable és recórrer a un expert en temes d'internacionalització d'empreses, i no voler començar la casa per la teulada...

Consells i recomanacions

Degut al desconeixement general de l'entorn en el que aterra l'emprenedor Marco, el que primer necessitarà és adaptar-s'hi. Això implicarà un coneixement de la cultura i els costums autòctons. Existeixen persones emprenedores d'aquest tipus de perfil que pretenen obrir un negoci i s'enfoquen de manera gairebé exclusiva a persones de fora. L'experiència i uns quants malaurats casos ens demostren que moltes vegades això és insuficient.

Si vols obrir una empresa que perduri, hauràs d'ampliar el ventall de clients i tenir-ne tant de fora com del propi país. Així doncs, combina productes importats amb productes i serveis que ja estiguin força instaurats entre les pautes de consum locals.

És recomanable rebre l'assessorament de les entitats de suport a la creació d'empreses. Allà t'informaran dels permisos i les llicències necessàries per dur a terme l'activitat, així com els impostos que s'han de pagar. Si no ho fas, pot ser que més endavant et trobis amb alguna sorpresa inesperada que et porti a haver de tancar el negoci sense saber ben bé el per què.

Perfils d'emprenedors amb qui associar-se

Scooby Doo: amb la teva empenta i la seva capacitat de reflexió i anàlisi abans d'endegar un negoci, segur que us anirà bé. Ell aportarà informació molt valuosa dels clients a qui us heu d'enfocar i tu l'empenta suficient com perquè ell confii en el projecte.

Perfils d'emprenedors incompatibles

Homer Simpson: si t'ajuntes amb un Homer Simpson, sempre trobarà alguna excusa perquè acabis treballant tu força més que ell. En tot cas, fixeu un sou per hora abans de començar a treballar plegats.

Punts forts

Ets una persona molt decidida i atrevida, i això en el món empresarial sol estar força ben vist. A més, la teva capacitat de treball i esforç també són béns preuats avui en dia.

Punts febles

Preocupa't de conèixer bé els teus clients i la realitat local d'aquell mercat al que t'enfrontaràs. Demana consell sense complexes a d'altres emprenedors que s'hagin trobat abans en les mateixes dificultats amb les que et trobaràs tu més endavant.

Habilitats a treballar

Evita emprendre per necessitat, assegura't que es tracta d'una oportunitat de negoci: realitza la corresponent recerca d'informació, coneix el mercat i, sobretot, les necessitats dels clients. Treballa en la mesura i minimització del risc, aprèn a fixar objectius i planifica les tasques a realitzar per tal d'acomplir-los.

Casos relacionats amb el perfil

L'etern traspàs
Tancat per manca de previsió
A la segona va la vençuda!

Test del perfil d'emprenedor

Valora de l'1 al 5 cadascuna de les frases següents, segons hi estiguis més o menys d'acord o t'hi identifiquis més o menys (1 gens d'acord, 2 poc d'acord, 3 una mica d'acord, 4 força d'acord i 5 molt d'acord). Marca amb una «X» sota de cada puntuació.

1. Alguna vegada he tingut idees tant estrafolàries com que seria prou interessant comercialitzar una barbacoa que funcionés amb una combinació d'energia solar i eòlica, i que tingués un dispensador de *ketchup* que s'activés amb un sistema de reconeixement de veu.

1 (gens d'acord)	**2** (poc d'acord)	**3** (una mica d'acord)	**4** (força d'acord)	**5** (molt d'acord)

2. Sovint penso que obrir un comerç és un projecte personal molt enriquidor, que m'ajudaria a donar-li sentit a la vida, ara que els nens ja van a l'escola.

1 (gens d'acord)	**2** (poc d'acord)	**3** (una mica d'acord)	**4** (força d'acord)	**5** (molt d'acord)

3. Això d'iniciar un projecte empresarial és un embolic... entre buscar clients i tanta paperassa, segur que no m'anirà bé i a sobre em deixaré el més important i em caurà una multa d'Hisenda.

1 (gens d'acord)	**2** (poc d'acord)	**3** (una mica d'acord)	**4** (força d'acord)	**5** (molt d'acord)

4. Quina tonteria això de formalitzar la creació d'una empresa, gairebé millor que començo d'*estrangis*, facturant en negre, i més endavant amb alguna de les subvencions que regala l'Estat ja legalitzaré el negoci.

1 (gens d'acord)	**2** (poc d'acord)	**3** (una mica d'acord)	**4** (força d'acord)	**5** (molt d'acord)

5. Tinc una molt bona idea de negoci. Segur que no falla. No veig necessari fer un pla d'empresa, quina tonteria! A mi ningú m'ha d'explicar com s'han de fer les coses...

1 (gens d'acord)	**2** (poc d'acord)	**3** (una mica d'acord)	**4** (força d'acord)	**5** (molt d'acord)

6. Avui he de fer moltes coses: he quedat per dinar amb un possible client; després passaré per la fàbrica on fan aquells recipients amb els que vull envasar el meu producte; també tinc una alerta al mòbil dient que haig de passar per Hisenda a

portar el model 036; i haig de comprar el regal d'aniversari de la meva parella. Ah, i aquesta tarda a les 17h he quedat amb el tècnic de promoció econòmica. Bé, tot es pot fer al cap del dia...

1 (gens d'acord)	2 (poc d'acord)	3 (una mica d'acord)	4 (força d'acord)	5 (molt d'acord)

7. M'agrada seure a la vora de la mar i apuntar en una llibreta tot allò que em passa pel cap. M'inspiro mentre miro les onades com espeteguen contra l'espigó. És tant bonica la vida, i hi ha tants moments de felicitat... si no fos perquè el món es mou sempre amb diners, seria perfecte...

1 (gens d'acord)	2 (poc d'acord)	3 (una mica d'acord)	4 (força d'acord)	5 (molt d'acord)

8. Això d'obrir un negoci és ben senzill... fas el que t'agrada i ningú et diu com ho has de fer. A més, segur que em guanyaré molt bé la vida i seré l'enveja dels veïns.

1 (gens d'acord)	2 (poc d'acord)	3 (una mica d'acord)	4 (força d'acord)	5 (molt d'acord)

9. El comerç d'estufes a l'Àfrica subsahariana està aturat perquè segur que no hi tenen bons comercials. Demà trucaré al distribuïdor de la zona oferint els meus serveis per impulsar-hi una agressiva acció comercial.

1 (gens d'acord)	**2** (poc d'acord)	**3** (una mica d'acord)	**4** (força d'acord)	**5** (molt d'acord)

10. Sóc bo fent la meva feina, però el mercat ara mateix està aturat. Si no hi ha demanda en el que jo faig, doncs me la invento i sinó, cap a Alemanya hi falta gent!

1 (gens d'acord)	**2** (poc d'acord)	**3** (una mica d'acord)	**4** (força d'acord)	**5** (molt d'acord)

Valoració

Revisa les teves respostes. Cada pregunta correspon als diferents capítols dels perfils d'emprenedors que has llegit anteriorment. Rellegeix els capítols en els que hagis tret una puntuació més elevada, i hi trobaràs indicacions relacionades amb el teu perfil.

1. Primera pregunta:

❶ (GENS D'ACORD): No ets un Mac Gyver
❷ (POC D'ACORD): Tens molt poc de Mac Gyver
❸ (UNA MICA D'ACORD): Ets una mica Mac Gyver
❹ (FORÇA D'ACORD): Tens força trets d'un Mac Gyver
❺ (MOLT D'ACORD): Et pots considerar un autèntic Mac Gyver

2. Segona pregunta:

❶ (GENS D'ACORD): No ets una Marge Simpson
❷ (POC D'ACORD): Tens molt poc de Marge Simpson
❸ (UNA MICA D'ACORD): Tens una mica de Marge Simpson
❹ (FORÇA D'ACORD): Tens força trets d'una Marge Simpson
❺ (MOLT D'ACORD): Et pots considerar una autèntica Marge Simpson

3. Tercera pregunta:

❶ (GENS D'ACORD): No ets un Scooby Doo
❷ (POC D'ACORD): Tens molt poc d' Scooby Doo
❸ (UNA MICA D'ACORD): Tens una mica d' Scooby Doo
❹ (FORÇA D'ACORD): Tens força trets d'un Scooby Doo
❺ (MOLT D'ACORD): Et pots considerar un autèntic Scooby Doo

4. Quarta pregunta:

❶ (GENS D'ACORD): No ets un Jack Sparrow
❷ (POC D'ACORD): Tens molt poc de Jack Sparrow
❸ (UNA MICA D'ACORD): Tens una mica de Jack Sparrow
❹ (FORÇA D'ACORD): Tens força trets d'un Jack Sparrow
❺ (MOLT D'ACORD): Et pots considerar un autèntic Jack Sparrow

5. Cinquena pregunta:

❶ (GENS D'ACORD): No ets un Fred Flintstone (Pedro Picapedra)
❷ (POC D'ACORD): Tens molt poc de Fred Flintstone
❸ (UNA MICA D'ACORD): Tens una mica de Fred Flintstone
❹ (FORÇA D'ACORD): Tens força trets d'un Fred Flintstone
❺ (MOLT D'ACORD): Et pots considerar un autèntic Fred Flintstone

6. Sisena pregunta:

❶ (GENS D'ACORD): No ets un Son Goku
❷ (POC D'ACORD): Tens molt poc de Son Goku
❸ (UNA MICA D'ACORD): Tens una mica de Son Goku
❹ (FORÇA D'ACORD): Tens força trets d'un Son Goku
❺ (MOLT D'ACORD): Et pots considerar un autèntic Son Goku

7. Setena pregunta:

❶ (GENS D'ACORD): No ets un David el Gnomo
❷ (POC D'ACORD): Tens molt poc de David el Gnomo
❸ (UNA MICA D'ACORD): Tens una mica de David el Gnomo
❹ (FORÇA D'ACORD): Tens força trets d'un David el Gnomo
❺ (MOLT D'ACORD): Et pots considerar un autèntic David el Gnomo

8. Vuitena pregunta:

❶ (GENS D'ACORD): No ets un Homer Simpson
❷ (POC D'ACORD): Tens molt poc de Homer Simpson
❸ (UNA MICA D'ACORD): Tens una mica de Homer Simpson
❹ (FORÇA D'ACORD): Tens força trets d'un Homer Simpson
❺ (MOLT D'ACORD): Et pots considerar un autèntic Homer Simpson

9. Novena pregunta:

❶ (GENS D'ACORD): No ets un Flautista d'Hamelin
❷ (POC D'ACORD): Tens molt poc de Flautista d'Hamelin
❸ (UNA MICA D'ACORD): Tens una mica de Flautista d'Hamelin
❹ (FORÇA D'ACORD): Tens força trets d'un Flautista d'Hamelin
❺ (MOLT D'ACORD): Et pots considerar un autèntic Flautista d'Hamelin

10. Desena pregunta:

❶ (GENS D'ACORD): No ets un Marco
❷ (POC D'ACORD): Tens molt poc de Marco
❸ (UNA MICA D'ACORD): Tens una mica de Marco
❹ (FORÇA D'ACORD): Tens força trets d'un Marco
❺ (MOLT D'ACORD): Et pots considerar un autèntic Marco

Part III

Casos molt reals

A continuació descriurem deu casos molt reals d'emprenedors que hem conegut al llarg d'aquest temps. En diem casos molt reals, per bé que potser n'hauríem de dir casos basats en fets molt reals. I no perquè tinguin part de fantasia, sinó perquè en alguns casos els hem adaptat incorporant situacions que es poden haver donat en d'altres emprenedors i potser no en ells mateixos. No per això deixen de ser menys versemblants.

Per descomptat, els noms dels protagonistes han estat canviats i les històries modificades en certa mesura, per no faltar tampoc al secret professional i a la confidencialitat dels projectes que atenem com a tècnics. Així que, per bé que algú es pot sentir identificat en alguns casos, serà mera coincidència i senyal de que potser no ho hem fet tant malament. Podeu anar ben tranquils als centres de promoció econòmica, donat que la intenció dels tècnics no és difondre la vostra idea, ni fiscalitzar el vostre negoci, sinó assessorar-vos i donar-vos la informació que necessiteu per tirar-lo endavant.

El que pretenem en aquest apartat és que coneguis les situacions i conseqüències amb què et pots trobar, de la mateixa manera que els hi ha passat a d'altres anteriorment. Moltes vegades creiem que nosaltres no cometrem els mateixos errors, perquè som diferents de la resta o perquè el nostre projecte és singular. Fins que ens trobem amb una primera dificultat. La capacitat de l'emprenedor per resoldre-la és un bé molt preuat, i el fet de conèixer experiències similars creiem que és el que li pot aportar eines per tal de superar-la. Tant si han reixit, com si n'han sortit malparats.

En tots ells hi ha una primera part, que és un relat molt aproximat a la situació que va viure aquell emprenedor. I tot seguit hi veuràs uns comentaris, que humilment hem cregut que podrien servir de suport per comprendre millor el problema.

També hem relacionat els casos amb els perfils descrits anteriorment. Així que de la mateixa manera que en l'apartat dels personatges fèiem una recomanació dels capítols que convindria llegir, ara et recomanem que, una vegada llegit el cas, recuperis la informació dels perfils, per recordar quins eren els seus principals punts forts i punts febles.

1. L'inventor de meravelles

En Tomeu era dissenyador industrial i afirmava haver ideat dues noves invencions boníssimes que canviarien les nostres vides. Com a mínim, en el seu vessant domèstic. La primera, era una idea ben senzilla. Es tractava d'una pinça metàl·lica, allargassada i ajustable a la mida de tot tipus de tubs, que servia per aprofitar el seu contingut al màxim, des dels de pasta dentífrica fins als de cola adhesiva.

Em va portar diferents mostres de proves que havia anat fent fins arribar a la definitiva. Les proves li havien costat pocs diners, donat que tenia un excompany de feina que ara treballava en una empresa de productes metàl·lics i amb qui seguia mantenint el contacte. Ell l'havia ajudat en les seves hores extres a dissenyar els motlles en el taller.

El producte resultant, curiosament «era perfecte». I el que em va sorprendre realment és que precisament ell, sí que s'havia mogut per tal de vendre el projecte. Molt diferent del que succeeix en la majoria de casos. M'explicava que tot i haver-lo anat a presentar fins i tot a empreses nord-americanes, semblava que de moment no els hi havia acabat d'interessar, perquè justament estalviava producte. Tot el contrari del que ells perseguien.

I dic que em sorprèn la seva iniciativa comercial perquè en molts casos, la persona que dissenya un programa, un estri o una eina nova, generalment és una persona amb un perfil tècnic força marcat, que ha dedicat moltes hores —dies, setmanes, mesos i anys— de la seva vida a pensar, llegir, elaborar i dissenyar idees i projectes, però que precisament per això, en força ocasions descuida el seu vessant social i el contrast d'aquelles noves idees i invencions que realitza.

Li vaig comentar que possiblement els fabricants dels productes que anaven en l'interior de l'envàs eren els menys indicats per escoltar la seva proposta, donat que estaven poc interessats en què el producte s'aprofités i, en conseqüència, això els afectés negativament en les seves vendes. En Tomeu va comentar que no hi havia caigut en aquest aspecte i seguia sense entendre el per què d'aquell nul interès en un producte tant genial.

També vaig suggerir-li que, per comptes de vendre la idea o la patent, una altra possible via de comercialització podrien ser les ferreteries —donat que era un producte metàl·lic— i les botigues de complements, bricolatge i utensilis de la llar. Qüestió que també havia estat analitzant.

L'únic inconvenient d'aquesta altra sortida per aquell producte era que requeria una inversió *una miqueta* més elevada. Per un costat, havia de crear tota una xarxa de distribució, emmagatzematge i comercialització i, per l'altre, havia d'encarregar una producció mínima d'un milió de pinces perquè fos rendible tota aquella inversió inicial. I ell no disposava de tants diners. De fet, no pretenia invertir-hi res, almenys inicialment.

El millor del cas és que aquell invent, a la vegada que el considerava una revolució, només l'havia ideat per poder finançar l'altre projecte, que era el realment excepcional i meravellós. Aquest altre projecte —mantenia— el permetria retirar-se i no treballar mai més. Bé, si tot anava com ell esperava, el permetria retirar-se a ell, a tota la seva família, i a tots els seus descendents futurs durant els propers cent anys!

Aquest altre producte era un nou vàter que permetia estalviar més del 50% de l'aigua que actualment es malbarata cada vegada que tirem de la cadena. Aquest producte el tenia encara en estudi, però creia que seria la solució a tots els seus problemes...

Aquesta vegada ja havia contactat amb un amic seu constructor, a qui anava informant dels avenços que es produïen. Aquest també l'anava assessorant per tal de no incórrer en excessives despeses durant el projecte i perquè el producte resultant tingués uns preus de cost i de fabricació ajustats. El problema que tenia ara en Tomeu era que el sector de la construcció es trobava en plena crisi i l'obra nova estava gairebé parada.

Error 1: Enamorar-se d'una idea (i d'un mateix)

Malauradament, el cas d'en Tomeu és un perfil i una situació que es repeteix força sovint. Les universitats, els parcs de recerca, els centres tecnològics i, fins i tot, alguns centres d'educació secundària —generalment de la branca tecnològica—, tenen els magatzems plens de projectes excel·lents que mai s'han endegat per una o altra raó.

Les persones emprenedores tendeixen a pensar que la seva idea és l'epicentre del negoci i l'element més valuós del projecte empresarial. Això els porta a una sobrevaloració de la idea de negoci —un fet molt freqüent— que els enlluerna tant que no els deixa veure més enllà. Normalment una idea de negoci per sí mateixa no va més enllà d'això, de ser una idea. Calen tot un seguit de recursos que permetin fer realitat el projecte. I en cas de no disposar d'aquests recursos, caldrà tenir clar a quina part del pastís s'està disposat a renunciar per tal de posar-lo en marxa.

Existeixen diversos mètodes que permeten definir el valor d'un projecte. Normalment s'acostuma a tenir en compte aspectes tals com les dades comptables —valor comptable, valor substancial, valor de liquidació—, el benefici —factor multiplicador— o les rendes futures —descompte de fluxos de tresoreria—. Tot i així, la dificultat principal no resideix en el càlcul de la fórmula del valor sinó en el fet que la persona promotora del negoci prengui consciència de la necessitat de repartir, i entengui que sense l'entrada de recursos externs el seu projecte seguirà sent un projecte i no es podrà fer realitat.

D'altra banda, com s'explica en el segon error d'aquest cas, el perfil de l'emprenedor resulta determinant. És per això que en la part dels mites dèiem que en la major part dels casos, la idea no és sempre el més important d'un projecte, sinó la manera de dur-lo a terme. Sol ocórrer que persones amb un perfil de caire tècnic, que desenvolupen un projecte durant un temps considerable, ja sigui una idea, un producte o un prototip, moltes vegades se n'acaben enamorant. I com sol passar quan estàs enamorat, no vols veure ni escoltar res més que no siguin les meravelles i excel·lències d'aquella persona —en aquest cas, idea, projecte o producte—.

Quan es dóna l'esquena al mercat o ens desviem de l'objectiu inicial, que és vendre el producte i no pas fer un producte genial, solem descuidar el nostre vessant social. I aquest aspecte és tant o més important, bàsicament per dues raons. La primera, perquè t'ajuda a extreure informació d'allò que està de moda, quines són les tendències del mercat i, en definitiva, quines són les necessitats, gustos i preferències de la societat actual. I és aquesta informació la que permet anar realitzant la contrastació de que aquell producte podrà tenir una bona acollida. I la segona, perquè el fet de desenvolupar aquest vessant social permet desenvolupar unes qualitats essencials en tot emprenedor, com són: l'oratòria, per parlar en públic; l'escolta activa, per captar les necessitats del client; l'assertivitat i la capacitat de persuasió, de cara a la funció comercial i l'empatia, per tal d'entendre les raons que fan decidir el client en la compra o el rebuig d'un nou producte.

Error 2: Quina idea més bona, llàstima que la vulguis fer tu...

Com acabem de dir, a l'hora de crear una empresa és tant important tenir una bona idea de negoci, com el perfil emprenedor adequat per gestionar-la. Precisament la manca d'aquest perfil idoni és una de les principals causes de fracàs empresarial, tot i que els comportaments emprenedors es poden treballar.

La persona emprenedora s'equivoca en pensar que per arrencar amb èxit un negoci n'hi ha prou coneixent a la perfecció l'activitat a desenvolupar; el coneixement tècnic és condició necessària, però no suficient. En aquest sentit, cal que desenvolupi tot un seguit d'hàbits i comportaments emprenedors. És a dir, que disposi de la intuïció de Sherlock Holmes, la visió de futur de Steve Jobs, la llestesa de Lisa Simpson o la vitalitat i entusiasme de l'incombustible Mick Jagger, entre d'altres.

Cal també que, prioritzant en funció de la seva activitat, actuï per educar i millorar les seves habilitats emprenedores. Per exemple, que treballi la capacitat de persuasió i comunicació, ja que malauradament, els productes o serveis d'aquest tipus no es vendran sols; que incrementi el grau d'autoconfiança, per tal que li generi la seguretat i convicció suficient per afrontar nous reptes; que desenvolupi la propensió al risc suficient per prendre decisions en condicions d'incertesa; o que augmenti la capacitat de planificar i administrar tot un seguit de recursos cap a un objectiu predefinit.

Per tal de comprovar si una persona emprenedora té incorporats els hàbits i comportaments que mostren les anomenades persones emprenedores d'èxit, es recomana la realització de diversos qüestionaris d'autodiagnosi, que podreu localitzar a internet o en alguns llibres.

Perfils relacionats amb aquest cas

Mac Gyver
Son Goku
Homer Simpson

2. Tancat per manca de previsió

L'Àngel i la Pilar provenien de famílies benestants de Lisboa, a Portugal. Durant anys, ell s'havia estat guanyant la vida com a director financer en una gran empresa, pel que havia pogut mantenir la família sense que ella hagués hagut de treballar des de que es van casar.

Ara fa mig any van decidir instal·lar-se a Terrassa, perquè deien estar una mica cansats de la vida que duien a Portugal. A més, la seva filla gran portava ja temps estudiant aquí i l'havien vingut a veure unes quantes vegades. Els havia agradat força la ciutat i, finalment, van decidir venir-hi.

Quan van arribar a Catalunya no es van preocupar excessivament pel seu *modus vivendi*. Ell havia treballat sempre i mai li havia costat gaire trobar una bona feina quan s'ho proposava. I pensaven que aquí, donat que es tractava d'un país i d'una regió especialment productiva i amb taxes d'atur força més baixes que a Portugal, li costaria menys encara.

Per mantenir el nivell de vida que tenien abans, havien llogat un pis d'obra nova amb pàrquing, al centre de Terrassa i el seu nivell de despeses domèstiques continuava sent el mateix, només que als preus d'aquí.

Els mesos havien anat passant i l'Àngel seguia sense aconseguir una feina, així que el coixí econòmic que havien fet amb els anys i que havien portat a Espanya per cobrir imprevistos, havia anat disminuint. El fet de no dominar el català li representava un *handicap* força important i el seu domini del portuguès tampoc no era massa atractiu per cap empresa de les que havia anat a entrevistar-se fins ara.

La Pilar, en canvi, començava a trobar-se sola i s'avorria a casa sense saber ben bé què fer. El seu marit sortia els matins a buscar feina i a les tardes anava al gimnàs. I els seus fills anaven tot el dia a l'escola. Donades les circumstàncies, la Pilar va començar a pensar en l'autoocupació com una possibilitat real. Això li permetria mantenir-se ocupada durant el dia, i com que la filla gran ja treballava i els seus dos fills petits anaven a l'escola, podrien treballar-hi tots dos. L'única condició era que ella treballaria només fins les 17:00h, hora en què els fills sortien de l'escola. Així, ella els podria anar a recollir i portar-los cap a casa a per preparar-los el berenar i, més tard, el sopar per tota la família.

En aquest punt va ser quan van decidir venir a l'entitat de suport a l'emprenedoria, per assessorar-se dels tràmits que calia seguir per crear l'empresa i dur a terme la idea de negoci que havien estat madurant. Em van explicar que al seu país hi havia un negoci que aquí trobaven a faltar. Es tractava del rentat i planxat de roba a domicili. Creien que la inversió era mínima i que ràpidament la recuperarien. Només els hi feien falta un parell de rentadores i planxes industrials, de les quals ja havien demanat preus, i un local comercial, el qual n'havien vist un molt a prop de casa seva, i força bé de preu. També els hi caldria comprar una furgoneta, que agafarien inicialment en rènting, per tal de minimitzar la inversió inicial.

Havien calculat que, aproximadament, amb uns 15.000 euros podrien obrir el negoci i, a mida que aquest anés creixent, ja en reinvertirien els beneficis. També havien estat analitzant el preu inicial del servei. Volien que fos molt semblant al que s'oferia a Portugal: 99 cèntims per peça de roba.

Sense esperar els comentaris del pla d'empresa, van decidir portar-lo al banc, el qual els hi va concedir un préstec personal de 12.000 euros. Suficient per obrir el negoci i oferir el servei tal com el tenien pensat. Aviat van començar a tenir força clients i n'estaven força contents, però sense saber ben bé com, tenien molts problemes per arribar a final de mes. Creien que el problema venia perquè inicialment havien decidit fer una promoció especial, per la qual oferien un descompte del 30%. Van fixar que a partir de la segona compra ja no l'oferien i així, a partir de llavors, començarien a cobrir totes les despeses. Mica en mica van aconseguir fidelitzar els clients que anaven convencent i els descomptes van anar desapareixent. Tot i així, tenien certs problemes que em van explicar així:

«— No ho entenc, Albert. Generem diners com per pagar el lloguer i el rènting de la furgoneta, però no aconseguim tornar la quota del préstec que ens va concedir el banc, i molt menys treure'n un sou.

— I doncs, on creieu que està el problema, que no teniu suficients clients?

— Home, després d'uns mesos inicials força difícils, hem superat el centenar de clients per mes, que és el que havíem calculat que seria suficient per cobrir les despeses de rentar, planxar i repartir la roba, i que encara ens sobrarien uns 3.000 euros addicionals per pagar la resta...

— Potser està aquí el problema, oi? Que amb només 3.000 euros de més no n'hi ha prou...

— Potser sí... a més, com que el banc no ens va donar els 15.000 euros que nosaltres havíem demanat, tampoc tenim diners per poder fer més publicitat i aconseguir clients més ràpidament. Tots els clients que tenim són a través de l'anomenat boca orella, però amb això, sembla que no n'hi ha prou... »

Els mesos anaven passant i els deutes s'anaven acumulant. Mica en mica, la Pilar i l'Àngel van anar deixant de pagar diversos rebuts, començant per la gestoria i acabant per la Seguretat Social, Hisenda, i finalment el lloguer. Això va fer que uns mesos més tard, passant per davant del seu local, veiés el cartell de *Tancat per reformes*. A dia d'avui, un any més tard, el local segueix sense tornar a obrir...

Error 1: Com més venc, més diners perdo

Una de les grans problemàtiques amb les que es troben les persones emprenedores és la dificultat per realitzar una venda; doncs imagineu el cas que tot i realitzar-la *com més venc, més diners hi perdo*.

Sembla mentida que una venda, en lloc de generar beneficis generi pèrdues, oi? Doncs normalment passa quan no s'elaboren correctament els pressupostos ni els costos previstos. Per tal de definir una política de preus de venda adequada, abans cal tenir molt clar quin és el càlcul del cost. Dins els costos de tot producte o servei existeixen costos variables i d'altres de fixos. Els costos variables són aquells que depenen directament de la quantitat venuda, mentre que els costos fixos són aquells que resulten igualment imprescindibles, però que no depenen de la quantitat que venem.

Així doncs, a l'hora d'elaborar el nostre llistat de preus, caldrà tenir molt clars quins són els costos variables que cal imputar directament al producte, i també realitzar un repartiment proporcional dels costos fixos —sense deixar-nos-en ni un!—. Això inclou despeses corrents força previsibles com el lloguer i els subministres, i d'altres de menys previsibles com la publicitat, els impostos, la Seguretat Social o el propi sou, com ja hem comentat anteriorment. Finalment, una vegada fixats tots els costos, abans d'una negociació de preu amb un potencial client, caldrà tenir molt clars els marges i sobretot els límits fins als quals estem disposats a arribar. I tenir molt present que no és el mateix fixar un marge sobre el preu de cost, que un marge sobre el preu de venda.

Error 2: Arrencar amb poca tresoreria

Com hem vist, els números acostumen a ser un de les principals motius de preocupació de les persones emprenedores. A més de les despeses corrents que acabem de tractar, també caldrà calcular aquella quantitat de diners necessària per tal d'arrencar l'empresa amb certes garanties d'èxit.

Primer de tot hem de definir el pla d'inversions inicial. És a dir, hem d'identificar tots aquells elements que l'emprenedor necessita per tal d'iniciar l'activitat —drets de traspàs, instal·lacions, mobiliari, maquinària, elements de transport, equip informàtic, existències—. I pressupostar-los econòmicament.

Un cop clara la seva valoració en euros, cal pensar que probablement no es produiran les vendes i, molt menys els corresponents cobraments, des del primer dia. Rarament veurem una munió de clients a la porta de la nostra empresa, amb les mans plenes de bitllets i ansioses per intercanviar-los pels nostres productes o serveis. Per això, cal ser previsor, mirar de cobrir-nos l'esquena i intentar començar amb aquella tresoreria que permeti, un cop recuperada la inversió inicial, fer front a les despeses corrents —costos fixos— dels primers mesos d'activitat. I també serà necessari identificar i escollir la/les fonts de finançament que millor s'hi adaptin.

En aquest cas, la Pilar i l'Àngel van subestimar la inversió inicial necessària, i tampoc van tenir presents totes les despeses corrents que tindrien al cap del mes. Deixant-se portar per la il·lusió d'obrir el negoci van acceptar la primera proposta del banc, oblidant-se totalment que si no disposaven d'una tresoreria inicial, estaven posant en greu perill la viabilitat financera de la seva futura empresa.

En conseqüent, el risc que afrontaven era força elevat i donat que la seva empresa des del primer dia no generava els cobraments necessaris per fer front als corresponents pagaments —fet molt poc habitual en una empresa que comença— en qüestió d'uns mesos vàrem veure penjat el temut cartell de: Liquidació per tancament.

Perfils relacionats amb aquest cas

Marge Simpson
David el Gnomo
Marco

3. Realment val la pena?

La Inés va estudiar periodisme, i durant anys havia estat treballant en diferents empreses dins el món de la comunicació. Darrerament les coses li havien anat força bé, però l'empresa per qui treballava, igual que moltes altres del seu sector, havien hagut de retallar força despeses, i entre elles, la de personal. Així doncs, des de feia uns dies la Inés s'havia vist abocada a l'atur i, tot i que no hi portava gaire, ja li havien començat a entrar tots els mals. Mai havia estat a l'atur anteriorment i el fet de sentir-se dir ella mateixa que estava aturada, l'entristia.

No li feia por haver d'anar a buscar feina, encara que fos més lluny —fins ara treballava a prop de casa—. I fins i tot estava decidida a treballar cobrant menys, sempre que li compensés deixar de cobrar l'atur. Només esperava conseguir una feina ben aviat perquè sinó, tenia por que aquell desencís que ella comenta, pogués acabar convertint-se en una depressió.

Un bon dia la va trucar un excap que havia tingut feia un cert temps, i del que darrerament no n'havia sabut res. Li va comentar que, des de que va deixar l'empresa on treballaven plegats, s'havia muntat pel seu compte. Que les coses «li anaven prou bé», «que no es podia queixar», i que ara necessitava algú que li ajudés a treure feina, ja que ell sol no podia donar abast en moments puntuals de molts encàrrecs. Però que tampoc volia contractar a ningú atès que no li sortia a compte, perquè de moment les feines que li sortien no eren prou regulars com per contractar a ningú. Ell li podia passar alguns dels projectes que li sortien menys rendibles —els que oferia a un preu més baix i que li treien més hores—, dels quals li hauria de donar una comissió del que facturés.

La Inés no sabia què fer... ja s'ho havia començat a plantejar això de treballar pel seu propi compte, i justament creia que era una bona oportunitat, doncs precisament amb ell es veia tranquil·la de seguir-hi treballant: «és un cap amb qui m'hi entenia prou bé», «sempre em deixava les coses clares i em deia el que s'havia de fer en tot moment». Però la feina que li havia proposat inicialment només li donava per cobrir un parell de mesos de sou, i després no tenia res assegurat, «i clar, si no em surt res més...».

En aquest punt és quan va decidir venir a l'entitat de suport a l'emprenedoria, on vaig assegurar-li que durant els primers 24 mesos, tot i donar-se d'alta d'autònoma, segons la llei vigent a Espanya, podia recuperar la prestació d'atur pendent de cobrar. Tot i quedar-se més tranquil·la, després de dir-li això, van començar a sortir més inconvenients...:

«— I si tinc feina durant 24 mesos i just el mes que fa 25, em quedo sense res a fer i he de tornar a l'atur?

— Llavors sí que no tens dret a cobrar cap prestació.

— I si quan em jubili em fan escollir entre el que he cotitzat com autònom o com treballador?

— Llavors escolliràs el que et sigui més convenient.

— I si...

— Vaja Inés, no et veig gaire convençuda...

— És que tinc por a equivocar-me. Penso que si d'aquí a un temps no em surten altres clients, em tornaré a quedar a l'atur.

— Vaja, igual que com estàs ara, oi?

— Sí, però ara sé que em queden 24 mesos de seguir cobrant l'atur. I més endavant, no ho sé... a més, jo sempre he treballat sota encàrrec i mai he hagut de sortir a vendre. Hauria de començar a fer-ho, ja que els projectes que m'ofereix el meu excap són pocs i gairebé a preu de cost!

— Precisament si ara comences com a autònoma, l'atur que no hagis cobrat et quedarà pendent de cobrar. En canvi, si l'esgotes d'aquí dos anys no et quedarà ni feina ni atur per cobrar. Això sí, si et decideixes a acceptar aquesta proposta, has de tenir present que no pots quedar-te així. Que has de dedicar-te a seguir buscant clients per garantir-te un futur».

Al cap d'una estona d'explicar-li com funcionava el fet de treballar com a autònoma, la Inés va marxar més o menys convençuda, però sense saber ben bé què fer. Passats un parell de mesos va tornar a venir i em va explicar que havia decidit acceptar la proposta del seu excap. La novetat era que endegaria el negoci amb la seva parella, en Vicenç, que també estava a l'atur. S'havien conegut a la facultat i havien treballat junts durant un temps. «Després de tants i tants anys junts, el nostre amor és tant fort que res el podrà fer trontollar». Això és el que em van dir quan els hi vaig preguntar si creien que crear junts una empresa era bona idea.

Per tal d'analitzar la viabilitat del negoci van decidir elaborar el pla d'empresa. Durant l'elaboració d'aquest les discussions estaven a l'ordre del dia. No coincidien en res, on un veia blanc l'altre hi veia negre. Tot i així, un cop enllestit, la feliç parella va decidir establir un sistema de presa de decisions compartit. És a dir, l'opinió de cap dels dos prevaldria per sobre l'altre, sinó que sempre s'actuaria per consens. Des del primer dia de funcionament del negoci ja es va veure que aquest sistema de decisions consensuades no els portaria enlloc. Les seves constants diferències de pensament eternitzaven i bloquejaven pràcticament totes les decisions, demorant-se fins al punt de perjudicar la pròpia operativa de l'empresa.

Davant d'aquest fet, i amb bon criteri, van decidir dividir la presa de decisions en funció de les tasques previstes. La Inés s'encarregaria de les decisions de caire tècnic, mentre que en Vicenç decidiria sobre la part més estratègica: la direcció comercial i econòmica del negoci. Aquest acord, per una banda, permetia recuperar l'agilitat i flexibilitat en la presa de decisions que s'espera d'una microempresa i, per altre banda, començava a generar els primers retrets entre socis. «Vols dir que no destines massa estona a cada visita?» li retreia en Vicenç, «si fem números, això és insostenible...», «potser el que hauries de fer és replantejar les tarifes a l'alça», li deia ella.

Cada cop els retrets anaven pujant de nivell, arribant a l'extrem de començar a posar en dubte les capacitats l'un de l'altre. Cadascun d'ells creia que el mèrit del bon funcionament de l'empresa residia en el seu propi paper, arribant a considerar-se la peça clau, i pensant que sense l'altre l'empresa podria seguir funcionant perfectament. Les discussions ràpidament van sobrepassar els límits físics del negoci, i es van convertir en el tema de conversa habitual els vespres, els caps de setmana i, fins i tot, durant les vacances. La línia estava creuada i la parella ràpidament anava professionalitzant la seva relació, fins arribar a l'extrem de veure's incapaços de reconduir la situació i separar la vida personal de la vida professional.

Per si no fos prou, la facturació no anava pas malament per haver començat feia poc, però era insuficient per cobrir les despeses i obtenir-ne dos sous. Així doncs, després d'uns quants mesos de reflexió, en Vicenç va decidir sortir del negoci. «Creiem que és la millor solució, ja que, sinó, en quatre dies el nostre matrimoni s'ensorra. Quina llàstima poder perdre la parella per culpa de l'empresa, no?», em va dir la Inés. «Pitjor és perdre una bona empresa per culpa de la parella», li vaig respondre.

Error 1: No confiar prou en un mateix

El fet de no confiar prou en un mateix pot ser motiu suficient per no començar un negoci o, en cas de fer-ho, haver de tancar l'empresa més endavant. I és que algunes de les principals conseqüències d'aquesta desconfiança solen derivar en l'oblit de la tasca comercial o que la dedicació inicial en el negoci sigui parcial. En qualsevol cas, generalment s'acaba traduint en que no acaben sortint els números...

Una altra de les conseqüències de no confiar prou en un mateix, i que s'acaba convertint en un error força freqüent, és la de començar amb uns preus més baixos que la mitjana de preus de mercat. I no ens referim a uns preus una mica per sota dels de la competència, sinó a uns preus anormalment baixos. L'emprenedor creu que la competència sol ser una empresa més gran que ha de mantenir una certa estructura i per això té uns preus més elevats. Però en la major part dels casos no sol ser per aquest motiu.

Les grans diferències se solen donar en el preu/hora que s'estableix per persona dedicada en el projecte, i que el professional sol oferir a un preu més baix. Ara bé, el problema d'aquest comportament, a més de les conseqüències de treballar per sota del preu de cost que hem comentat en un altre cas, transmet de manera intrínseca certa informació al client. No hem d'oblidar que el preu d'un producte, inevitablement, quan no disposem d'altres referències ni més informació, ens dóna una idea de la seva possible qualitat. Si per exemple, creiem que el preu de mercat d'una barra de pa és d'un euro, una barra de cinquanta cèntims ens semblarà barata i, per tant, de menys qualitat. En canvi, una de dos euros haurà de ser molt bona, tot i que més cara. Però mai dubtarem de que la barra més cara sigui «millor» que la més econòmica. Per tant, caldrà vigilar els preus que fixem de bon principi, per no transmetre un missatge distorsionat sobre la qualitat del producte que estem oferint.

I, d'altra banda, no dedicar un cert temps a la tasca comercial o dedicar-nos al negoci a jornada parcial, i més si ho fem amb un preus baixos, ens portaran a no obtenir gaire més benefici d'aquella activitat que un sou. Aquí caldrà que reflexionem si simplement estem mirant d'autoocupar-nos o si realment estem creant una empresa: si el nostre objectiu és treure'n un sou, l'activitat que desenvolupem no ens permetrà mai anar més enllà d'això, de treure'n un sou. I en el pitjor dels casos ni això. En canvi, si decidim crear una empresa, que després de pagar els sous als seus treballadors, encara n'obtingui un benefici, possiblement el primer any no n'obtinguem de benefici, però segurament que podrem pagar-ne el sou, encara que només sigui el d'una persona.

Error 2: Si us baralleu de nuvis, potser millor no casar-vos: problemes amb els socis

En una petita empresa, els recursos humans acostumen a ser una de les principals fonts d'avantatge competitiu. És a dir, que les competències, coneixements i comportaments emprenedors de l'equip promotor representen bona part de la font de l'èxit del futur negoci.

En aquest sentit, disposar d'un bon equip de treball i assignar adequadament els llocs clau o estratègics per l'empresa resulta una premissa imprescindible. Anar a buscar recursos humans al mercat no resulta una tasca senzilla, sense oblidar l'elevat cost que comporta contractar personal qualificat i/o amb experiència. Davant d'aquest fet, les persones emprenedores tendeixen a recórrer inicialment a la incorporació d'amics, familiars i coneguts, amb el risc que això pot arribar a implicar — sobretot en el cas de parelles sentimentals—. Suposo que no sorprèn a ningú l'afirmació de que els socis són una de les principals fonts de problemes en una empresa.

Tot i així, trencarem una llança a favor de la incorporació d'aquests, sempre i quan aportin valor a l'empresa. Un soci ha de complementar i reforçar aquelles debilitats internes que tenim com a empresa i que hem de corregir per tal de ser competitius en el mercat. És a dir, cal que prevalgui una subdivisió de tasques eficient, deixant de banda els egoismes individuals i pensant, per sobre de tot, en el que sigui millor per l'empresa.

Si en la fase d'elaboració del pla d'empresa la convivència ja resulta insuportable, què fa pensar que quan creem l'empresa les coses aniran millor? Sense la intenció de semblar pessimistes, normalment, les coses no acostumen a millorar, sinó al contrari, tendeixen a empitjorar.

Perfils relacionats amb aquest cas

Scooby Doo
Jack Sparrow
David el Gnomo

4. I qui em dóna una subvenció?

La Marta treballava en el banc més prestigiós de la ciutat i estava acabant un màster en direcció d'empreses, del qual li quedaven només un parell d'assignatures. La primera vegada que va trucar al servei ja va dir que no li calia anar a cap sessió informativa genèrica, atès que ja coneixia el que era un pla d'empresa i que només necessitava saber les ajudes que existien. Deia que no li calia contrastar cap de les idees que se li passaven pel cap. Que l'únic en què creia que la podríem ajudar quan arribés el moment, era en donar-li la informació sobre com obtenir alguna subvenció de les que oferia la Generalitat.

Va venir a l'entitat de suport a l'emprenedoria en diferents ocasions, amb un espai d'un any i mig, de manera discontínua i força espaiada. Cada cop que tenia una nova idea, bàsicament. Sempre deia que tenia moltes idees i que algun dia les tiraria totes endavant.

En una d'aquestes visites, em va dir que havia estat pensant en obrir una galeria d'art, que fos a la vegada un bar. I com que ella era assessora d'empreses, també podria donar atenció a empreses en el mateix local. Em va demanar que mirés de buscar-li quines subvencions hi hauria per aquest tipus d'activitats tant innovadores, que segur que n'hi havia moltes. Vaig comentar-li que bona part de les ajudes i subvencions que existien en aquells moments es centraven més aviat en la situació de cada persona que no pas en una activitat concreta. Calia estar a l'atur i ella ja estava treballant. Llavors se li va ocórrer que podia demanar una excedència d'un any al banc, per tal d'apuntar-se també a l'atur i poder tramitar així la subvenció pertinent. A més, podia embolicar a la seva mare i la seva germana, que en aquells moments no treballaven, fer-les inscriure a l'atur i demanar llavors la subvenció. Una vegada els hi haguessin atorgat, llavors les donaria de baixa de la Seguretat Social, amb la qual cosa s'estalviarien una bona part de despeses.

Jo vaig comentar-li que no em semblava gaire bona idea, perquè no estava convençut de que el fet d'estar en excedència li acceptessin com si estigués a l'atur, que ja li ho preguntaria, al que no va semblar prestar massa atenció. També vaig comentar-li que segons les condicions que marcava la llei, per tal d'optar a la subvenció calia que estiguessin donades d'alta un mínim de tres anys, que sinó podien reclamar-li que tornés els diners. A més, segons les previsions inicials de vendes que havíem estat fent, el millor era que comencés com autònoma, i en tot cas contractés per hores una altra persona.

Va marxar capficada en com s'ho podria fer per tal de demanar la subvenció i no haver de deixar la feina, ni pagar les quotes d'autònoms de totes tres... Al cap d'uns mesos va tornar a presentar-se al servei, una vegada ja havia obert el negoci:

«— Albert, ja ho tinc! Al final he decidit obrir un bar al centre. Hi serviré esmorzars, menús i al vespre còctels. I mica en mica, aniré organitzant trobades d'empresaris per omplir les tardes. Bé, diga'm com tramitar les subvencions...

— Abans has d'elaborar el pla d'empresa, Marta.

— Però Albert, si ja tinc el local, els distribuïdors lligats, i la resta de coses també tancades. Per què he de fer un pla d'empresa?

— Marta, t'ajudarà força a conèixer el tipus de client que persegueixes i la competència que puguis tenir al voltant. A més, és imprescindible per tramitar qualsevol subvenció. I si li demanen a tothom, per què no te l'haurien de demanar a tu?

— Bé, haig de marxar, que avui obro jo el bar. Ja miraré de fer-ne un quan pugui, i sinó contractaré a algú perquè me'l faci».

Va marxar sense acabar d'entendre el per què de tot plegat. Tot i així, va tornar a venir al cap d'un mes amb un petit pla de negoci. Em va comentar que havia decidit crear una SCP —Societat Civil Privada—, conjuntament amb la seva mare i la seva germana. Que les tres s'havien donat d'alta com autònomes per poder tramitar tres subvencions. Vaig comentar-li que, tal com li havia dit, calia haver-la demanat durant els dos primers mesos després de donar-se d'alta d'autònoma —era un dels requisits d'aquella subvenció—. Però com que ella ja havia obert el negoci, ja ho tenia tot lligat, va decidir que demanaria la subvenció tant sí com no, encara que fos tard. I com que el seu pare era advocat, si li denegaven ja tramitaria el recurs corresponent.

La Marta havia fet els números del negoci i la inversió inicial eren uns 50.000 euros, tot i que finalment, amb els imprevistos havia demanat al banc 60.000 euros. Havia sol·licitat una carència durant el primer any i, quan arribés la subvenció, tornaria bona part del préstec —20.000 euros aproximadament—. La resta ho aniria tornant mica en mica.

Al cap d'uns mesos em va trucar per informar-me que li havia arribat una carta. Que quan pogués l'escanejava i me la faria arribar per correu electrònic, perquè no estava segura del que hi posava. Creia que li denegaven la subvenció, però no ho veia clar:

«— Albert, ara no entenc per què m'envien això... jo he fet el pla d'empresa que vosaltres m'heu fet fer. Si fos per mi no hagués fet res...

— Marta, ja et vaig comentar que no tenies massa números de que t'acceptessin la sol·licitud, atès que l'estaves presentant fora de termini. De tota manera, com et va l'activitat?

— Doncs molt malament... si m'haguessin aprovat la subvenció, la cosa segur que seria ben diferent, però ara mateix... és possible que no triguem massa en tancar...

— Tancar? Però si no porteu ni sis mesos?

— Ja, però és que comptàvem amb els diners de l'ajuda per tornar al banc i demanar un nou préstec per fer reformes... A més, per tal d'obtenir la subvenció vam donar-nos d'alta la meva mare, la meva germana i jo a la Seguretat Social, i clar, entre totes tres són molts diners que anem pagant al cap del mes».

Dit i fet. Al cap d'uns mesos, casualment vaig passar per davant aquell local i ja tornava a estar tancat i tenia el cartell de: *Es lloga o es ven.*

Error 1: Quina és la forma jurídica que dóna més ajudes i subvencions? Doncs me la quedo!!!

Per tal de posar en marxa una activitat empresarial és necessari fer-ho en el marc d'una forma jurídica. Aquesta forma jurídica cal que s'adapti a les particularitats del projecte empresarial, ja que esdevindrà el vehicle a través del qual l'empresa desenvoluparà la seva activitat. Un bon símil pot ser l'elecció d'unes sabates. Hem de recórrer un llarg camí amb elles, per tant, caldrà que s'adaptin al nostre peu; ni grans ni petites, just a la mida.

En aquest sentit, caldrà considerar diversos factors de decisió tals com l'objecte d'activitat a desenvolupar, el nombre de persones promotores que portaran a terme la iniciativa, el grau de responsabilitat que es vol assumir, el volum de facturació esperat del negoci, les obligacions fiscals i laborals, etcètera.

Malauradament, a l'hora de prendre la decisió sobre la forma jurídica del negoci apareix un nou element de decisió que acostuma a prevaldre per sobre dels altres i que condiciona total i excessivament la seva elecció: les *famoses* ajudes i subvencions. En cap cas s'està dient que les ajudes i subvencions no han de ser un factor a tenir present a l'hora de determinar la forma jurídica. El que es vol deixar clar és que aquestes mai es poden convertir en el motiu principal de l'elecció d'una forma jurídica, i menys encara si aquestes entren en contradicció amb els factors anteriorment comentats.

En el cas de la Marta, va decidir crear una SCP, que els hi comportaria fer front a tres quotes d'autònoms de la Seguretat Social —uns 800 euros al mes, entre les tres—, quan en el pla de viabilitat es desprenia clarament que en iniciar l'activitat no es podria fer front a més de dos sous i dues quotes de la Seguretat Social.

Error 2: Comptar amb uns diners que no tens...

Un altre dels errors freqüents que cometen els emprenedors que van a la caça i recerca de subvencions és el fet de comptar amb aquells diners, quan el seu cobrament és incert. Tant pel fet de cobrar o no cobrar, com, en els casos d'ajudes garantides o més segures, comptar amb un termini previst, que malauradament no s'acaba complint mai per una raó o una altra. Justament un dels principis fonamentals de la comptabilitat —el de prudència— diu que cal comptar les despeses tant bon punt en tinguem constància de que es poden produir i, en canvi, no hem de comptar els ingressos fins que no s'hagin produït. Per alguna raó deu ser...

A més, tal com dèiem anteriorment, la finalitat que compleixen les subvencions és la de fomentar o premiar certes actituds, comportaments o accions de les empreses que ja han dut a terme i no pas la d'esperar que les empreses facin determinades accions amb la finalitat última de la subvenció com a objectiu.

Fins i tot en el cas de grans empreses a les quals s'han facilitat ajudes per tal de que s'instal·lin en un país o un altre, si la seva finalitat és rebre subvencions, acaben deslocalitzant la seva producció en el moment en què desapareix aquell ajut. Això vol dir que l'única manera de fer viable aquell negoci era a través de la subvenció.

Perfils relacionats amb aquest cas

Mac Gyver
Jack Sparrow
Fred Flintstone (Pedro Picapedra)

5. La *birra* que es venia sola

En Cesc tenia 55 anys i havia treballat tota la seva vida d'arquitecte. Portava més de vint anys en una empresa que treballava directament per l'entitat financera més important de Catalunya, gestionant la seva cartera d'actius immobiliaris.

Quan va venir per primera vegada, deia que ja n'estava fart del seu cap i d'aquella feina. Volia independitzar-se professionalment i obrir-se camí ell sol. A més de la feina, en Cesc tenia una afició predilecta. Era un gran aficionat al món cerveser, per la qual cosa havia realitzat un curs i tenia el títol de *Craft Brewer* —cerveser artesà—. El seu projecte consistia en obrir una cerveseria artesana.

Deia que com que la seva parella era assessora, ella l'havia convençut per venir. Que si fos per ell, no hagués vingut mai, que ja ho tenia tot pensat i ideat, i que estava decidit a donar el pas. Tenia el pla d'empresa fet i ja tenia un local enparaulat. A més, havia estat parlant amb una franquícia que s'ocuparia de la part operativa i el màrqueting, així que tot el seu projecte ja estava prou ben meditat. Em va explicar que necessitava realitzar una inversió d'uns 300.000 euros, repartits entre uns 150.000 per arreglar el local i uns altres 150.000 per la resta —comprar l'estoc inicial, mobiliari, estris de cuina, etc.—. Ell ja en tenia més de la meitat, així que només li faltaven uns altres cent mil, que pensava demanar al banc:

«— Vaja, que de veritat, no sé ni per què he vingut, perquè com et deia ho tinc tot pensat i ben lligat.

— Ja ho veig, ja. Vens amb la feina feta! Això està força bé. Si no et sap greu, però, m'agradaria llegir el pla d'empresa, i fer-te alguns comentaris per tal de millorar-lo, donat que 100.000 euros són molts diners, i no sé si te'ls donaran al banc així com així.

— Això ja ho sé, home! He estat parlant amb el meu banc i només em demana una cosa: que l'operació estigui avalada per una societat de garantia recíproca. A partir de llavors, ja em donaran els diners i ja podré obrir. Però estigues tranquil, tota la cervesa que tindré es ven sola!».

Amb tot i que em va costar molt de convèncer, li vaig dir que m'enviés el pla d'empresa, que me'l revisaria, perquè aquestes entitats eren força primmirades i que possiblement podríem afegir alguna informació força valuosa de cara a la seva aprovació:

«— Jo crec que no caldrà revisar res, però si insisteixes... ara, que penso que ja està tot bé. Si vols, una vegada obri el negoci, puc venir a fer alguna xerrada a d'altres emprenedors de com s'elabora un pla d'empresa, així ho coneixeran de primera mà.

— Si no et fa res, deixa'm que revisi el pla d'empresa primer, i te'n dic alguna cosa.

— D'acord, tu mateix... però tranquil, ja t'he dit que aquesta cervesa es vendrà sola!».

Una vegada vaig haver revisat el pla d'empresa vam tornar a quedar. Vaig dir-li que creia que el pla de vendes era una mica exagerat, tant pel nombre de clients que preveia, com per l'import que deia que s'hi gastarien en cada visita. I que el pla de mercat, brillava per la seva absència:

«— Albert, jo ja sé de què va el negoci. Sóc un *Craft Brewer* professional i sé els preus que es paguen per la cervesa i per tot.

Només que la gent demani una ampolla i un parell de tapes, els 20 euros se'ls deixaran fàcilment per persona.

— 20 euros de mitjana em sembla excessiu. Hi haurà gent que se'n deixi 20, i gent que només se'n gasti 10, donat que l'ampolla d'un litre pot ser a compartir, i les tapes valen totes menys de 5 euros. La mitjana de consum pot ser de 15 euros, a tot estirar.

— Molt bé, però llavors si posem de mitjana 15 euros, hauràs de pujar el nombre de persones, perquè jo crec que si és tot tan barat, vindrà molta més gent.

— És que 1.000 clients al mes em sembla molta gent per un negoci que s'obre de nou i comença de zero.

— Bé, no comença de zero, a Londres ja funciona de fa temps aquesta franquícia i els hi va molt bé... s'estan folrant vaja! I 1.000 persones dividit entre 30 dies, és només una mitjana de 33 persones per dia. Això és ridícul!

— Primer de tot, pensa que no obriràs 30 dies cada mes. Un dia a la setmana com a mínim probablement tancaràs, suposo, i sinó, hauràs de reforçar la plantilla de cambrers per respectar el conveni i donar-los-hi els dies de vacances que els pertoquen.

— No t'amoïnis. Això ja ho tinc pensat. Començo amb només dues persones però a la que això agafi embranzida, de seguida contractaré més personal.

— Està bé. Doncs si et sembla, canviem la previsió de vendes i posem 15 euros per persona i 500 persones al mes.

— Però si això és gairebé la meitat del que havia posat jo inicialment!!!

— Doncs precisament... perquè un negoci funcioni, has de calcular que amb la meitat del seu aforament ja cobreixes els costos, igual que fan les línies aèries.

— Bé, si és així com ho han d'aprovar, deixem-ho, però ja et dic jo que facturaré molt més.

— Ah, i una altra cosa, em vas dir que ja tenies enparaulat un local. Has analitzat la seva ubicació, els negocis que poden ser competència directa i indirecta d'aquest, i el perfil de client que t'hi trobaràs?

— Home, i tant! No en tinc de competència. Bé, hi ha un parell de bars de copes que ofereixen cates, i un parell de restaurants a la vora, però cap com el meu!

— I el perfil de client?

— De tot tipus, home! Albert, pensa que això està en la zona més cèntrica de Barcelona. Llavors, a l'hora de dinar vindran els executius que treballin a la vora, i als vespres, la gent que surt pel barri de nit.

— Molt bé. I no et sembla excessiu gastar-te 100.000 euros en la reforma del local? Pensa que potser trobaries un local, el lloguer del qual serà més car, però no hauries de realitzar cap inversió inicial ni demanar cap préstec.

— Ja ho sé... però si tot va com espero, en poc més d'un any ja hauré retornat els diners al banc, i pensa que el contracte de lloguer el firmaré per 10 anys. És a dir, que a partir del segon any, tot el benefici serà per mi!

— Doncs res... sembla que això serà un èxit de totes maneres... Deixa'm que truqui a l'entitat de garantia recíproca i els hi demano hora perquè et facin saber els papers que necessiten per estudiar l'operació.

— Papers? Amb el pla d'empresa no en tenen prou? Quin fàstic de burocràcia...

— Ja ho sé, Cesc. No t'enfadis. Pensa que ells donen suport als avals que tu aportes, no és que ells t'avalin directament.

— Com? Que ells no m'avalen? I doncs?

— Home, només faltaria... tindrien cua i sobretot molts deutes, si ells avalessin a tothom cegament...».

Finalment, després d'un parell de mesos i d'haver d'aportar diversos avals personals de familiars que treballaven amb contracte indefinit en grans empreses i en l'administració pública, en Cesc va obtenir l'aprovació de l'operació i va dur a terme la inversió.

Al cap d'unes setmanes de fer obres, a principis de setembre vaig rebre un correu electrònic seu invitant-me a la inauguració, a la qual vaig assistir. Per tal d'ajudar-lo a promocionar el local i comprovar si realment la despesa mitjana s'aniria als 15 o als 20 euros per cap, vaig anar-hi acompanyat d'uns amics i companys de feina.

Malauradament, en Cesc no tenia raó: 4 persones, 50 euros. És a dir, 12,50 euros per barba. Tot i així, vaig pensar que seria qüestió de l'arrencada inicial, i que després ja ajustarien els preus. Un mes més tard hi vaig tornar a anar. Aquesta vegada, un migdia:

«— Què tal, com va Cesc?!

— Home Albert, per fi has vingut! Què fas per aquí, vens a dinar? Ara estic per tu, deixa'm que atengui una taula.

— Sí, vinc a dinar. Avui havia de venir aquí a Barcelona, i m'hi he de quedar a la tarda. Què, com va, avui hi tens força gent oi?

— Sí, hi tant, avui no em puc queixar...però no et pensis, tot són menús...

— Què vols dir?

— Doncs que tothom que ve, només entra a menjar el menú. Tot són treballadors d'oficina d'aquí a la vora i com que la resta de restaurants del voltant ofereixen el menú a nou euros, he hagut de reenfocar el negoci, ajustar preus i adaptar-me a la demanda. Però més val això que res. I només ve gent al migdia. Als vespres, ningú. Entre el futbol i els bars de copes del voltant... A més, ara resulta que tothom ofereix carta de cerveses. Amb la crisi, al vespre la gent ve sopada de casa i només venen a prendre alguna cosa. Els que entren, fan una copa i marxen a un altre local. Van voltant, saps? Vaig haver de dir-li a la cambrera que de moment no vingués més. No em sortien els números! I tot i així, no em surten... ve molt poca gent i la que ve no té diners... maleïda crisi! Com costa de vendre aquesta cervesa, renoi... Bé, et deixo que he d'atendre les taules.

— Tens raó, Cesc, tens raó...».

La propera vegada que vaig saber alguna cosa d'ell va ser al cap d'uns sis mesos, quan em va fer arribar el seu currículum per mail i un gran llistat d'ampolles de cervesa artesana que li havien sobrat. Més de 5.000 en total!

En el correu explicava que la crisi li havia truncat el gran somni de la seva vida i que havia hagut de plegar. Que necessitava trobar feina urgentment perquè encara no havia pogut retornar ni un sol euro al banc, i que si no ho començava a tornar, el banc li reclamaria els diners que havien avalat la seva família... ja estava pensant en vendre's la casa i tot... de moment, només li importava vendre tota aquella cervesa que havia comprat...

Error 1: Les expectatives de venda han de ser realistes

Tenir raó és tenir ben poc... així que, a l'hora d'elaborar el nostre propi pla de vendes, el més adient és escoltar diverses opinions abans de mirar de fer els càlculs un mateix. Persones com els tècnics de creació d'empreses i els banquers estan acostumats a veure plans de vendes a diari i en coneixen els seus punts forts i punts febles. Però no són els únics a qui cal escoltar. Persones conegudes que treballin en el mateix sector, però potser en una altra zona geogràfica, ens podran ajudar a realitzar una previsió de vendes més acurada.

En qualsevol cas, però, qualsevol *coach* professional ens indicarà que davant la fixació d'objectius, aquests han de ser mesurables en quantitat i en el temps, però sobretot realistes i assolibles. De la mateixa manera ocorre quan volem fixar un pla de vendes, que haurà de ser mesurable i assolible, i sobretot realista. Aquest pla de vendes, o volum de facturació, doncs, dependrà bàsicament de dues variables, el preu i la quantitat venuda. Així, abans de fixar un pla de vendes el més acurat possible, caldrà analitzar el preu i la quantitat que creiem ser capaços de vendre.

Preu i volum estan interrelacionats, per bé que a la vegada depenen de determinats factors interns i externs a l'empresa. Per poder fixar un preu adequat, abans haurem d'haver analitzat el tipus de client a qui ens dirigim, i a la vegada, el preu que fixem farà variar la quantitat que en vendrem. També és cert que per fixar un determinat nivell de preus haurem d'analitzar l'estratègia que segueix la nostra competència, i el seu nivell de preus. I tenir present que la quantitat venuda també dependrà dels productes substitutius que es puguin trobar al mercat. Així doncs, una vegada analitzades totes les variables que en depenen, serem capaços de preveure una certa quantitat venuda, i a la vegada fixar un preu. Tenint en compte la competència, i també l'estructura de costos que nosaltres tinguem, com hem vist en un altre capítol.

Finalment, probablement el millor consell és que plantegem diferents escenaris possibles, marcant-ne com a mínim tres. Un de pessimista, un d'optimista i un entremig dels altres dos. A partir d'aquests tres escenaris analitzarem les possibles conseqüències de cadascun.

Error 2: No minimitzar la inversió inicial per mirar de reduir el risc

Com ja explicàvem en l'apartat dels mites, els dos principals aspectes que poden fer trontollar el nostre projecte i el fan certament arriscat són la inversió inicial i les despeses corrents. En moltes ocasions força emprenedors prefereixen buscar un local que comporti un lloguer més econòmic, encara que s'hagi de reformar sencer, amb la considerable inversió que això implica. En el cas que hem explicat, en Cesc va preferir invertir 100.000 euros en la reforma d'un local, i demanar-los a una entitat bancària, que no pas buscar un local nou, encara que el lloguer d'aquest fos més car.

Cal tenir present que un local que costi 1.000 euros més de lloguer al mes però que no s'hagi de reformar, potser serà més interessant com a mínim durant els primers 100 mesos —100 mesos són més de 8 anys!—. I en cas d'haver d'acudir a una entitat bancària, aquest cost s'eleva pel tipus d'interès que n' haguem de pagar. Per tant, superaríem tranquil·lament els nou anys per recuperar la inversió, respecte un local sense reformes. A més, els diners del banc, malauradament, s'han de tornar, i a vegades, sembla que hi ha gent que no en sigui prou conscient...

Perfils relacionats amb aquest cas

Marge Simpson
Fred Flintstone (Pedro Picapedra)
Homer Simpson

6. On són els meus clients?

L'Isa tenia 28 anys i havia acabat el grau d'Administració d'Empreses i el doctorat en telecomunicacions. Durant els darrers anys havia compaginat els estudis amb una feina a jornada parcial en un centre d'investigació i consultoria, on ajudava les empreses en la tramitació de patents i ajuts a la innovació. Va ser llavors que va començar a tenir contacte amb el món empresarial i a captar l'actitud d'emprenedors i empreses que volien créixer i anar endavant, i això la va captivar.

El seu germà havia estat estudiant a França i recentment s'havia traslladat a Alemanya, on havia trobat una molt bona feina. En un dels viatges on la Isa va anar a visitar-lo, se'n va adonar dels problemes de comunicació que patien les persones que viatjaven fora d'Espanya, on l'anglès no n'era l'idioma majoritari. Mentre no aprenien l'idioma local havien de buscar textos en anglès o en castellà, per poder llegir i aprendre d'aquella professió a la que es volien dedicar.

En el viatge de tornada a Espanya, va estar pensant en una eina que traduís de manera automàtica textos a qualsevol idioma, i que a més estiguessin adaptats al tipus de llenguatge que s'estigués utilitzant —jurídic, mèdic, econòmic, etc.—. Una vegada va arribar a casa va estar parlant-ne amb el seu pare, que no n'estava gens convençut de que treballés pel seu compte. El seu pare creia que amb els estudis que tenia, podria treballar en una gran multinacional i amb els anys, arribar a tenir un càrrec important dins la companyia. L'Isa, en canvi, no ho veia de la mateixa manera.

Mentre seguia treballant al centre d'investigació va començar a participar en trobades d'emprenedors on va conèixer gent que havia viscut la seva mateixa situació: havien descobert una necessitat, havien desenvolupat un pla de negoci i s'havien llançat a convertir-lo en una realitat. Va ser llavors quan l'Isa va decidir participar en un concurs de plans de negoci que organitzava una prestigiosa entitat bancària, el qual va guanyar. Aquella injecció de diners, però sobretot de moral, va fer que finalment es decidís a crear la seva pròpia empresa. De tota manera, inicialment ho va estar compaginant amb la feina del centre d'investigació, donat que l'empresa no generava els recursos suficients com per viure'n. Així doncs, l'Isa va passar a treballar dues jornades laborals gairebé a temps complert. Una al centre d'investigació, i l'altre a la seva pròpia empresa. Els diners que obtenia de l'una, els invertia en l'altre.

Durant un temps, l'Isa va estar desenvolupant el programa de traducció, que traduïa textos i imatges, i va anar incorporant cada vegada més idiomes. A més, l'aplicació permetia l'enviament de textos tant per correu electrònic com a través del mòbil per SMS. Fruit d'aquesta aplicació tant innovadora, va començar a rebre diversos reconeixements i va ser convidada a participar en diverses fires d'àmbit internacional, de les quals va començar a treure'n força contactes i alguns clients. Això la va empènyer a deixar la feina del centre d'investigació i dedicar-se plenament a la seva empresa.

Tot i això, el nivell de reconeixement obtingut no es corresponia mai amb el nivell d'ingressos. Hi havia alguna cosa que no acabava de rutllar... Hi havia força operadors de tot el món interessats a incorporar el servei, però no obtenia els ingressos necessaris com per treure'n un sou ni per ella mateixa. I és que per obtenir una bona visibilitat a nivell internacional, havia ofert el producte a alguns mercats de manera gratuïta, i a l'hora de canviar el servei i fer-lo de pagament, no existia suficient demanda disposada a pagar per ell.

Tot plegat va fer pensar a l'Isa en donar entrada a l'empresa a algun inversor que injectés capital i noves idees per tal de fer el negoci més rendible, o com a mínim, viable. Després de participar en diversos fòrums d'inversió, una entitat bancària va concedir-li un préstec participatiu en el qual, després de tres anys, l'entitat decidiria si mantenia la participació en l'empresa o transformava la inversió en un préstec. Com que en aquell moment necessitava una injecció econòmica, va decidir acceptar aquell préstec i deixar entrar l'entitat bancària en l'empresa. Però l'empresa seguia sense ser viable. És a dir, que seguia sense obtenir suficients ingressos com per cobrir totes i cadascuna de les despeses que tenia.

Això va fer reflexionar l'Isa que potser no era qüestió d'obtenir préstecs de ningú, sinó que potser el seu taló d'Aquil·les era un altre: els clients que tenia no estaven disposats a pagar el preu que ella creia just per aquell servei. Així doncs, o mantenia els preus baixos i mirava d'obtenir ingressos de la publicitat —cosa que semblava inviable a curt termini—, o mirava de canviar de clients. També va haver de fer una altra reflexió: quin era el veritable valor afegit que oferia la seva empresa? Potser la traducció, com ella es pensava inicialment, no ho era, donat que ja existien infinitat d'empreses que oferien aquell servei. Després d'un temps de reflexió va concloure que el seu veritable valor afegit era l'estalvi de temps que comportava, donat que la traducció era automàtica i allò sí que no ho oferia ningú més.

I això és just el que va fer, canviar de clients. Si fins al moment havia mirat de vendre el seu producte a particulars i allò no resultava, potser calia buscar els clients d'un altre àmbit: les empreses. I donat que el seu valor afegit era l'estalvi de temps, potser el que ella havia considerat la seva competència, eren els seus millors clients: les empreses de traducció. Des de llavors va decidir començar a contactar amb empreses del sector per oferir-los-hi aquell nou producte. I bingo! Ara l'Isa treballa per les principals empreses de traducció del país i s'ha convertit en una empresa que duplica anualment la seva facturació.

Error 1: La mala definició inicial del concepte del negoci

Per tal d'explicar els problemes derivats d'una definició incorrecta del concepte de producte o servei ens basarem en el cas de l'Ensaïmada de Mallorca, exposat en el marc d'una formació adreçada a tècnics en creació d'empreses; l'autoria del qual no tenim identificada.

L'ensaïmada és el dolç típic de Mallorca. És un dels productes més famosos de l'illa a tot el món. Qui no coneix la genuïna ensaïmada mallorquina? L'Adri i l'Alba Orfila són filles de pastissers de Palma de Mallorca, i ja de ben petites veien que era el producte estrella de la pastisseria familiar.

De fet, a la pastisseria no donaven l'abast a produir la forta demanda dels seus clients, majoritàriament turistes estrangers, i també catalans. Així doncs, després d'acabar els estudis en administració d'empreses, les filles del propietari van proposar a la família obrir un clon de l'actual pastisseria a Barcelona, sense perdre la qualitat del producte i amb l'objectiu principal d'arribar a un mercat molt més gran i sense cap tipus de competència. D'aquesta manera arribarien a la immensa quantitat de turistes que visitaven Barcelona, i també al públic català, que podria comprar ensaïmades, sense la necessitat d'haver d'agafar l'avió.

Dit i fet, uns mesos després produïen i venien ensaïmades a Barcelona, amb un nivell de qualitat idèntic a les elaborades a l'obrador de Palma. Tot i amb això, les germanes Orfila observaven com les vendes a Barcelona no eren les esperades, alhora que les vendes a la pastisseria familiar continuaven sent espectaculars. Havien invertit força diners, i ja no podien suportar la pressió financera que suposava tenir el negoci obert. Seria que als potencials consumidors d'ensaïmades només els agrada comprar-les únicament a Mallorca? Elles mateixes van respondre l'enigma. Tal i com sospitaven les germanes Orfila, el motiu pel qual el negoci no funcionava era degut a que havien comès un error molt greu a l'hora de definir el concepte de producte que estaven venent. Equivocadament van creure que l'ensaïmada es venia com un dolç i la decisió de compra residia principalment en el seu bon gust. Però en realitat, la gent compra les ensaïmades com un *souvenir*, no com a un producte de pastisseria dolça. I com a *souvenir* que és, la ensaïmada es compra en la seva població d'origen, és a dir, a Mallorca. I no pas en una altra població com per exemple Barcelona, per més turistes que hi hagi.

Aplicat al cas de l'Isa, calia fer una reflexió sobre el veritable valor afegit que estava aportant el seu producte. A partir de llavors, seria capaç de saber quins podien ser els seus veritables clients. Un cop va reconèixer que un dels seus principals punts forts era l'estalvi de temps que suposava l'aplicació del seu producte, de seguida va veure que s'havia de dirigir directament als que fins aquell moment creia els seus competidors. Així doncs, ella es convertiria de manera natural en el proveïdor de les empreses de traducció, que després només haurien d'adaptar-ne els continguts per oferir el servei als clients.

Com a conclusió direm que resulta estratègic i molt revelador per tota empresa analitzar, entendre i definir correctament el concepte de negoci. És a dir, tenir molt clar en quin sector es troba l'empresa, quina és la necessitat real que satisfà i els motius que porten al potencial consumidor a comprar-nos el producte.

Error 2: Els meus clients? tot el món!

Quan preguntem als emprenedors qui seran els seus clients, és freqüent obtenir per resposta un rotund *tothom*. En el cas dels comerços al detall, la resposta sol ser una mica més precisa, tot i que no gaire: tothom qui entri a la botiga. I darrerament, amb el boom que ha experimentat internet a nivell general, i especialment el comerç *on-line* també existeix un grup força nombrós que segueix dient que els seus clients estaran per tot el món.

Òbviament la nostra intenció ha de ser la de vendre a tothom qui entri a la nostra botiga, sigui física o virtual, però no tothom hi entrarà. Un error, doncs, que se sol cometre especialment en el cas d'internet és pretendre vendre en tot el món des del primer dia. L'esforç comercial, la publicitat de la pàgina web —sí, a més de pàgina web, hem de fer publicitat de la mateixa i posicionar-la!— o la xarxa de distribució ens limitaran el nostre àmbit inicial.

Així doncs, l'estratègia pensa en global i actua en local aquí no ens val. Cal pensar en local i actuar en local, si no volem que el nostre esforç comercial i la promoció inicial quedin diluïts, i veiem que ràpidament passem del tothom al ningú. D'aquesta manera, caldrà que quan elaborem el nostre pla d'empresa fem una bona segmentació de mercat i definim els diferents grups de públic objectiu segons les seves característiques. Però abans de definir les característiques dels nostres clients, caldrà també que diferenciem entre els possibles clients particulars, i els clients empresa.

Algunes de les característiques del client particular que caldrà tenir molt clares poden ser l'edat, el gènere, el poder adquisitiu i les pautes de consum, tals com la freqüència i el nivell de consum en cada compra. En canvi, en el cas dels clients empresa, algunes de les característiques a tenir presents poden ser la dimensió de les empreses, el nombre de treballadors, el seu volum de facturació o el seu sector.

Perfils relacionats amb aquest cas

Fred Flintstone (Pedro Picapedra)
Son Goku
Flautista d'Hamelin

7. El *software* perfecte

En Xavi s'ha passat els darrers cinc anys de la seva vida dissenyant un programa informàtic de gestió de despatxos immobiliaris que frega la perfecció. O, com a mínim, això és el que ell manté cada vegada que en parlem. Diu que no és per tirar-se floretes, però que el programa, casualment, també *és perfecte*. L'únic inconvenient és que fins ara no ha trobat cap persona interessada en comprar-lo...

Si no fos perquè quan en parla ho fa de manera totalment obsessiva i amb un to enamoradís, jo hi podria arribar a creure en el projecte. I que consti que no dubto en cap cas de la seva capacitat a nivell tècnic. Tot el contrari. De tant en tant el truquen de grans empreses ubicades a Madrid i Barcelona per oferir-li feina o per mirar de treure-li informació. Intenten esbrinar com aconsegueix que les fotografies es carreguin tant ràpid a la seva pàgina web o algun procediment de la *demo* que ara ha començat a fer circular de manera gratuïta entre els seus contactes, i que d'alguna manera els hi ha arribat a les seves mans.

En Xavi no té parella. Diu que ara mateix no té temps ni per buscar-ne. Assegura estar massa enfeinat i capficat en poder vendre el producte com per pensar en aquestes coses. Ha dedicat tots els seus esforços en dissenyar un programa *perfecte*, però que de moment no vol ningú. O, com a mínim, ningú està disposat a pagar-ne ni cinc. Durant el darrer any ha estat visitant despatxos professionals i agències i s'ha fet un fart de recórrer el país intentant vendre el producte a petites, mitjanes i grans empreses. A més, diu que ell no es veu fent de comercial i no coneix les estratègies comercials que poden ajudar a vendre el seu programa. Ni tan sols coneix com rebatre els arguments en contra del seu producte, i a favor d'altres productes de la competència.

Pel que sembla, la majoria de les empreses que ha visitat fins ara al·leguen que ja estan acostumades al *software* que utilitzen i que els hi va prou bé. Que té algunes errades, però que pel preu que en paguen anualment, ja els hi dóna el servei que ells necessiten. «Que ja estan coberts», li diuen. A més, sembla que és el producte que tenen la majoria d'empreses del sector i que això els permet compartir arxius compatibles, cosa que el seu programa no admet.

«El producte està del tot llest, i només falta que qualsevol despatx el provi». Confia que a partir d'aquell moment no seran capaços d'utilitzar-ne cap altre. Diu que la crisi general i la del sector inmobiliari no l'han afavorit gens, atès que es tracta d'un producte exclusiu per agències inmobiliàries. Si algú l'hagués avisat abans, o no hauria endegat el projecte, o hagués dissenyat un producte diferent, que es pogués vendre per mòduls de manera separada, o potser s'hagués enfocat a algun altre sector. Així la inversió inicial no seria tant elevada i segurament hi hauria més gent disposada a comprar-li, o com a mínim a provar-lo...

A més, diu que ja porta gastats massa diners en viatges, transports i dietes i ja no sap què més fer. I com que fa més d'un any que va crear l'empresa, no ha ingressat ni un euro i només ha fet que gastar, té por que qualsevol dia el truquin de l'Agència Tributària per fer-li una inspecció. De fet, fa uns mesos que ja no presenta les declaracions perquè no pot pagar el gestor. Ara l'està ajudant el seu cosí, que és assessor fiscal, però com que tampoc té temps i no pot pagar-li res, de tant en tant li arriba alguna carta d'Hisenda per no haver presentat les declaracions a temps.

Va decidir-se a crear una Societat de Responsabilitat Limitada —SL— perquè li va recomanar un amic. Li havia dit que les empreses sempre estan més ben considerades i reconegudes que un autònom i que fins i tot podria aprendre a portar els números ell mateix. Però clar, ningú li havia dit que li costaria força més diners, que no pas si fos autònom. I també li havien dit que amb una SL, la responsabilitat era limitada al capital aportat. Però ell va anar a parlar amb el banc l'altre dia, i li van dir que hauria de tornar fins l'últim cèntim dels 100.000 euros que portava demanats... Així que tot i que tenia un producte *perfecte*, ell no li veia sortida per enlloc...

Error 1: No analitzar el mercat abans d'entrar-hi

Un dels apartats més importants del Pla d'empresa i del qual molts emprenedors no en fan cas, és el pla de mercat. Dins d'aquest pla s'inclouen tres aspectes que cal tenir molt presents: l'estudi de les característiques i tendències del mercat, l'anàlisi de la demanda i l'anàlisi de la competència.

L'estudi de les característiques i tendències del mercat ens ajudarà a conèixer en profunditat el mercat en el qual ens estem endinsant, tant la seva situació actual com l'evolució que ha seguit en els darrers anys. Per exemple, si vull obrir un forn de pa, sembla imprescindible que necessiti conèixer dades tant rellevants com el consum actual anual de quilos de pa per habitant i la tendència que ha seguit aquest consum. És a dir, si fa deu anys se'n consumia més o menys, i en quin format: barres de quart, baguettes, pa de pagès, etc.

Per un altre costat, l'anàlisi de la demanda ens permetrà descriure a quin tipus de client potencial ens dirigim, la seva edat, gènere, les seves pautes de consum, preferències, etc. Com més detalladament puguem descriure aquest client potencial, més garanties d'èxit tindrà el nostre projecte.

Un factor molt important que des dels anys noranta s'encarrega d'estudiar el màrqueting és la segmentació del mercat i els diferents tipus de públic que consumeixen un determinat producte. Això permet adaptar el producte a les necessitats de cada client, i arribar a uns nivells de personalització del producte gairebé de manera unitària. És el que es coneix com a producció modular, contra la producció estandarditzada que predominava als anys 70 i 80.

I finalment, encara dins el pla de mercat, cal estudiar amb cert deteniment la competència que pot tenir una empresa. Fins i tot, en el cas d'un producte innovador que actualment ningú més estigui produint ni oferint, caldrà preveure la futura competència, en cas que aparegui. Caldrà conèixer quins competidors existeixen —o podran existir en un futur—, quines característiques tenen, si es tracta de competència directa o indirecta, i l'estratègia competitiva que estan seguint —basada en el preu, basada en el producte, el servei, etc.—.

Error 2: La dèria de les SL

Com dèiem en l'apartat dels mites, un dels errors més comuns en alguns emprenedors és la dèria irracional que es té vers les societats limitades. És veritat que les societats de responsabilitat limitada tenen certs avantatges respecte d'altres formes jurídiques, però com totes, també tenen alguns inconvenients.

Arribats a aquest punt, caldria tractar una mica més en profunditat la qüestió de la responsabilitat limitada, i d'altra banda, recalcar algun dels altres inconvenients que també comporten les SL. El mateix nom de la forma jurídica pot portar a engany, perquè en una SL la responsabilitat no sempre és limitada. Tal com indica la llei, en aquest tipus de societats caldrà nomenar un administrador sempre. I aquest, en cas d'obrar de mala fe o sense la diligència d'un home d'empresa, passarà a tenir una responsabilitat il·limitada.

De manera afegida, també existeix el cas d'haver de firmar un préstec. En una empresa que comença no servirà mai l'aval de la mateixa empresa, doncs aquesta no pot aportar cap tipus d'informació al banc referent a volum de facturació, els comptes anuals, ni res similar. Per tot això, el més probable és que el banc ens demani algun tipus de garantia personal o béns mobiliaris per part dels socis. A l'hora de firmar el préstec, els socis es converteixen instantàniament en responsables subsidiaris dels deutes de l'empresa, donat que un d'aquests deutes serà el préstec concedit pel banc.

També relacionat amb la limitació de la responsabilitat, coneixem alguns administradors, que tot i actuar en nom de la SL, han vist els seus noms i cognoms inscrits en algun tipus de registre de morosos pel fet de no pagar alguna factura, com els telèfons mòbils de l'empresa.

Per altra banda, les societats limitades són societats mercantils, per la qual cosa, anualment han de presentar certa documentació en el registre mercantil. Aquest fet fa que la factura mensual de les gestories i assessories sigui força més elevada que en el cas d'un autònom o una societat civil privada.

I per aquelles persones preocupades pels impostos, fiscalment existeix un import a partir del qual és més recomanable una SL. Però mentre no arribem a aquesta xifra de beneficis anuals, que és una quantitat variable — depèn de la situació personal de cadascú, la seva declaració de la renda, etc.— que podria estar al voltant dels 50.000 euros de benefici net —que no de facturació— anual, no és recomanable començar amb una societat limitada, i menys si ens trobem en el cas d'en Xavi.

Volem dir amb això que ningú hauria de constituir mai una SL? En absolut. Simplement que en molts casos és més recomanable iniciar l'activitat sota la figura d'empresari individual o societat civil privada —en el cas que l'equip promotor estigui format per més d'una persona—. Quan l'empresa assoleixi cert volum de facturació o hagi de començar a contractar treballadors, és llavors quan acudirem al nostre assessor perquè ens indiqui els tràmits a seguir per convertir l'empresa en una societat mercantil, entre les quals existeix la opció de la societat limitada.

Perfils relacionats amb aquest cas

Mac Gyver
Son Goku
David el Gnomo

8. *Zapatero a tus zapatos*

L'Oriol venia al centre de suport a l'emprenedoria local força despistat. Tenia una confiança cega i un impuls enorme per crear una empresa, tot i que no sabia ben bé quina... El següent diàleg és una reproducció gairebé exacte de la conversa que vam tenir la primera vegada que va demanar assessorament amb un tècnic:

«— Bon dia Oriol, què tal, com estàs?

— Bon dia. Bé, molt bé.

— M'han dit que vols obrir un restaurant tailandès, oi?

— No, t'ho deuen haver dit malament. Vull obrir un restaurant espanyol a Tailàndia!

— Ah, això és una altra cosa... Explica'm la teva idea.

— Doncs això, que ho he estat mirant *molt bé* i vull obrir un restaurant espanyol allà. I sinó un gimnàs, el que sigui més rentable.

— Home, de rentar te'n faràs un fart, tant amb el restaurant com amb el gimnàs...

— Ja, ja, ja... perdona, volia dir rendible. És que ho he estat pensant i pot estar bé. A més, m'han dit que hi ha força subvencions, oi?

— I a més de mirar les ajudes i subvencions que et puguin donar, has mirat que sigui com a mínim viable?

— Bé, encara no he fet els números de manera exacta, però no pot ser molt car, i els sous allà són molt baixos...

— Així, si els sous són baixos, hauràs de mirar d'oferir preus ajustats també, no?

— No, pensava vendre als turistes, que tenen més diners...

— Bé, llavors fem primer els números i després en tornem a parlar. Per cert, com és que vols anar a Tailàndia? Hi tens família?

— No.

— I doncs, hi has anat de vacances aquest estiu?

— Tampoc.

— I llavors, què se t'hi ha perdut a Tailàndia?

— Res. Però ho he estat mirant per internet i en programes de televisió, i pinta força bé.

— Ah, ja t'entenc...(per dir alguna cosa, perquè en aquest punt crec que jo ja estava més perdut que ell)

— És que t'explico. Quan vivia a Sabadell, havia estat pensant d'obrir una botiga de compravenda de vinils. Després vaig anar a viure a Castellar del Vallès, i com que allà no hi havia xurreria, vaig pensar en obrir-ne una. Però llavors em vaig quedar sense feina i ja no vaig poder estalviar ni demanar un préstec.

— Quins salts, no?

— Sí, sí... la vida dona moltes voltes...

— Ja ho veig, ja... bé, has mirat de fer un pla d'empresa?

— De quina empresa?

— De la que vols obrir. Home, al tractar-se de negocis ben diferents, jo diria que n'hauries de fer un pel restaurant i un altre pel gimnàs. Però jo començaria per un dels dos, vaja.

— Bé, sí, no l'he començat, només n'he sentit a parlar. Però tranquil, ho tinc tot al cap.

— La ment és una cosa intangible, i la memòria a vegades juga males passades. Millor posem-ho per escrit, no et sembla?

— Sí, tens raó. A més, he llegit que és imprescindible per poder demanar la subvenció dels 5.000 euros, oi?

— Ah, si, la subvenció...bé, per poder optar a aquesta subvenció has de realitzar una inversió de més de 5.000 euros i, a més, has d'estar donat d'alta per compte propi durant un mínim de 3 anys...

— 3 anys!!! Renoi...

— Home, i per quan temps pretenies tenir el negoci obert?

— Bé, no ho sé... és que com t'he dit, si no em funciona, pensava obrir un gimnàs.

— Ah, el gimnàs... i on el volies obrir, aquí a Sabadell?

— No, a Tailàndia també. És que he llegit que hi ha més de 50.000 persones que practiquen el taiboxing allà.

— Ah, molt bé. I tens idea de quants gimnasos hi ha?

— Sí, he llegit que n'hi ha més de 500.

— Així que la mitjana és d'uns 100 clients per gimnàs...

— 100 només? Pensava que eren 1.000...

— No, 50.000 dividit entre 500, són 100 per gimnàs.

— Doncs res... em quedo amb el restaurant!!!

— Molt bé, doncs si et sembla t'explico en què consisteix el pla d'empresa. Veus, això és el guió que conté els punts principals...

— Uuufff, tot això he d'omplir? Vols dir que cal?

— Home, és que per obrir un negoci, i més si és fora d'aquí, abans se li ha de donar un parell de voltes, no et sembla?

— Ah, sí. Llavors tu ja em diràs si és viable o no, oi?

— Bé, no és exactament així. Amb el pla d'empresa, una de les coses que podrem saber és el que necessitaràs facturar per tal de que sigui viable, segons l'estructura de despeses i inversions que em presentis. No és ben bé el mateix.

— D'acord. Però jo ja ho sé ara que és del tot viable!!! Surt molt a compte, de veritat...

— No ho dubto, Oriol, no ho dubto... (per dir alguna cosa, altra vegada...) només que m'agradaria veure-ho per escrit.

— Bé, si no hi ha més remei...

— Pensa que el pla d'empresa no serveix només per analitzar la viabilitat d'un projecte. També t'ajudarà a reflexionar sobre molts altres aspectes. Perquè... com ho saps que als tailandesos els hi agradarà el menjar espanyol?

— Home, no ho sé, però a tothom li agrada. Pensa que ells mengen moltes verdures i insectes...

— Ah, clar. Els insectes són *tipical spanish*...

— No, clar... això no...

— I el menjar espanyol d'on el trauràs?

— D'aquí d'Espanya, clar, d'on vols que el tregui sinó?

— Ah, i ja has mirat el cost de portar-lo fins allà? Pensa que són uns quants kilòmetres...

— No, clar... (amb cara de pòquer, ell, ja...)

— I els cuiners i els cambrers, els hi ensenyaràs a cuinar menjar espanyol?

— No, home! Faré anar-hi gent d'Espanya a treballar-hi.

— Així doncs els sous seran a preu espanyol, oi?

— Ah, clar, doncs sí... saps què? dóna'm el guió i potser que li doni un parell de voltes i si no m'hi aclareixo et tornaré a trucar. Gràcies pels consells.

— De res, Oriol. Fins aviat!

— Fins aviat! i gràcies...».

Error 1: «Uuufff quina mandra buscar tanta informació!» La ignorància no dóna la felicitat.

Qui digui que crear una empresa és senzill és perquè segurament no ha realitzat mai un exhaustiu treball de recerca d'informació. Per exemple, abans de definir l'estratègia comercial —producte, preu, comunicació i distribució— de la futura empresa cal conèixer a la perfecció el sector, el mercat i més concretament els seus tres principals agents: proveïdors, competidors i clients.

Conèixer i entendre qui són, què fan, què volen, com actuen i per què compren resulta imprescindible per tal de poder definir l'estratègia; i això, com us podeu imaginar, suposa una bona feinada. O, com a mínim, dedicar-hi cert temps.

La primera reacció de l'Oriol va ser: «tota aquesta feinada haig de fer?, total per acabar sabent que potser millor no obrir el negoci. Saps què, jo obro i tal dia farà un any, sempre s'ha dit que la ignorància dóna la felicitat!!!».

En el cas d'una empresa, la frase correcta seria que la ignorància dóna la tranquil·litat, i potser el fet d'estar tranquil t'acaba fent feliç, però mai podem dir directament que el fet de desconèixer una informació ens provoca felicitat. A vegades el que succeeix és exactament el contrari. Jo tenia un professor a la universitat que abans d'un examen sempre em preguntava: «Què, com van els nervis?». I jo li responia «Doncs estic una mica nerviós, la veritat». Llavors ell sempre em deia: «Està molt bé que et posis nerviós, és bon senyal. Si no haguessis estudiat no ho estaries gens de nerviós, perquè no hi tindries res a perdre...».

La recerca d'informació ens permet, per una banda, evitar la creació d'un negoci inviable i, per l'altre, reduir substancialment el risc de fracàs empresarial, en cas de decidir crear-lo. És per això que tots els tècnics de les entitats de suport a l'emprenedoria als que aneu a visitar us insistiran força perquè la feu. Sempre és millor perdre el temps que no pas perdre diners. I d'altra banda, a perdre diners, sempre hi som a temps...

Error 2: Emprendre a la lleugera

Hi ha gent que per una situació o circumstància personal concreta —canvi de residència, separació, etc.— pensa de seguida en l'autoocupació o l'emprenedoria com la solució al *modus vivendi* d'aquella decisió o canvi. El cert és que emprendre a la lleugera, sense analitzar l'entorn, les mancances del mercat, demanda i competència, etc. és un greu error.

Una vegada vaig anar a una conferència on es comparava l'emprendre a la lleugera amb voler fer l'amor en la primera cita, i sense utilitzar el preservatiu. Ho vaig trobar una comparació força explícita i representativa. És per això que, entre d'altres coses, anomenem aquest perfil Homer Simpson.

Es tracta d'una persona que té certa iniciativa, però que fa les coses sense pensar massa en les conseqüències que pot tenir. Actua de manera impulsiva i, d'una manera o altra, tot i que la jugada no li surt massa bé, tampoc acaba de tenir conseqüències massa greus. Ara bé, no hem oblidar que es tracta de dibuixos animats i que, en la vida real, els resultats d'una iniciativa poden ser desoladors.

I per qui cregui que en Homer no és emprenedor, pel fet de tenir una feina rutinària en una central nuclear, doncs s'equivoca. Si feu una mica de memòria, recordareu que en diversos episodis en Homer crea diverses empreses. En un d'ells, *Homer, el quitanieves*, el protagonista d'aquesta sèrie deixa la feina per aprofitar una oportunitat de mercat comprant un camió llevaneus, després d'una gran nevada al poble. Finalment, li surt competència de qui menys s'ho esperava, el seu bon amic Barnie, qui li fa una competència una mica deslleial i li acaba traient tots els clients.

El pla d'empresa —al contrari del que molts emprenedors pensen—, no s'ha de redactar per la mera voluntat dels tècnics de les entitats de suport a l'emprenedoria. I molt menys per tal de burocratitzar i incrementar el nombre de tràmits que ja per sí mateix comporta crear una empresa. El pla d'empresa o pla de negoci s'ha de redactar per tal de posar negre sobre blanc aquella idea que ha tingut l'emprenedor i mirar de contrastar-la des de tots els punts de vista, tenint en compte tots els aspectes principals que després ens trobarem en la vida real.

Perfils relacionats amb aquest cas

Marge Simpson
Scooby Doo
Homer Simpson

9. A la segona, va la vençuda!

La Núria era filla de pagesos i havia mamat força aquella cultura on es respectava per sobre de tot la paraula, l'esforç i el sacrifici, i es lloava constantment la previsió i l'estalvi de cara a temps pitjors. Ja de petita admirava els empresaris del sector industrial, que anaven i venien del poble a la ciutat i eren respectats per tothom, ja que donaven feina a molts dels seus habitants.

Potser perquè era el que havia vist sovint a casa, la Núria havia heretat aquella cultura, junt amb una habilitat especial per negociar i bescanviar objectes del més inversemblant. Ja amb 15 anys, la Núria venia raquetes de tennis —per aquelles èpoques, un dels esports més elitistes del moment— als empresaris del poble amb l'objectiu de guanyar-se per ella mateixa el seu primer sou.

Tot i això, els pares de la Núria van animar-la perquè estudiés i va decidir fer una carrera i estudiar informàtica, perquè ella ja veia que hi tindria molt més futur que al camp, vivint de pagesa. La Núria va fer un amic a la universitat, en Lluís, amb qui va estudiar tota la carrera i, més tard, va entrar a treballar en una prestigiosa multinacional del sector, on hi estaren molt temps. Uns anys més tard, uns amics que tenien al sud d'Espanya els van convèncer que el programa que havien estat desenvolupant durant anys era molt bo per al sector hospitalari, i a més era aplicable en molts sectors, cosa que els va fer decidir a emprendre per primera vegada.

Cansats de treballar pels altres, tots dos van decidir reunir tots els seus estalvis i invertir en adquirir l'exclusiva del *software*, per tal de distribuir-lo a la zona nord-est d'Espanya, incloent Catalunya, València i Aragó. Es dedicarien a vendre aquell programa a canvi d'una comissió. El percentatge potser no era molt elevat, però atès el preu del producte (50.000 euros), només que en venguessin un cada mes ja podrien cobrir les despeses i viure tots dos prou bé.

Inicialment però, van mirar d'introduir aquell *software* en el mateix sector on ja funcionava en d'altres zones. El problema amb el que es van trobar era que, a Catalunya, aquell sector estava dominat gairebé per complert per una gran multinacional, que proveïa la major part dels hospitals. Durant anys van estar intentant vendre aquell *software* sense massa èxit. Amb prou feines havien aconseguit col·locar el programa en alguns centres hospitalaris, dels més petits de la zona. I com que sempre els hi havien demanat descomptes, gairebé no els havia quedat marge per ells.

Cansats que els potencials clients els hi diguessin sempre el mateix «que el programa de la competència era millor i més barat», «que els comportaria un trasbals canviar de proveïdor i ensenyar aquell programa a tot el personal» i un llarg etcètera, van decidir que era el moment de provar sort en aquells altres sectors potencials, que també els semblaven força prometedors. Des de llavors es van decidir tirar a la piscina sense saber si hi hauria aigua, i es van dedicar a visitar tots els centres geriàtrics i residències de Catalunya, per tal de vendre aquell programa tant *complet*, però a la vegada *tant car*. De nou es tornaven a topar amb la mateixa pedra «que si aquell programa era massa car» —entre el programa i el procés d'instal·lació pujava gairebé uns 100.000 euros—, «que si el de la competència era encara més complet», etc.

No entenien com era possible que els clients potencials pensessin que era un programa car, quan hi havien treballat cinc persones durant set anys. Si només els costos de tot plegat ja quintuplicaven el seu preu! I cada vegada que parlaven amb els socis del sud d'Espanya, quedaven encara més decebuts. En tota Andalusia s'havia anat implantant aquell *software* i, en canvi a Catalunya, no hi havia manera més enllà d'alguns clients poc significatius.

Per si no fos prou, la relació entre tots dos socis havia anat empitjorant amb el temps. Tots dos havien anat creixent i ara ja tenien una família que havien de mantenir. La situació s'havia anat tornant gairebé insostenible. Mentre que la Núria mantenia que havien d'anar insistint en els clients potencials fins aconseguir convèncer-los, en Lluís ja s'havia donat per vençut i creia que era millor plegar i anar a l'atur. Finalment, la central andalusa els va advertir que donat que el període d'exclusivitat s'havia exhaurit i que, ja que ells eren incapaços de vendre el producte, hi enviarien un comercial que anés a visitar aquella zona. Després d'uns dies de discussions entre tots dos, van decidir plegar i anar a inscriure's a les llistes de l'atur.

Després d'uns mesos sense trobar feina, la Núria va decidir anar a visitar un dels darrers clients que havien hagut de deixar a mans de la central andalusa i amb qui encara hi mantenia la relació. La seva intenció era conèixer de primera mà quins creia que eren els errors que havien comès en la comercialització del *software* i quina seria la manera de corregir-los.

El client li va comentar que creia que estaven massa pendents d'ells mateixos —cobrar per la venda del seu programa— i molt poc de l'atenció a l'usuari. A més, ell pensava que no es tractava de carregar els costos de desenvolupament del programa al client, sinó de veure què estava disposat a pagar per aquell producte. Que si procurava escoltar les necessitats dels seus clients potencials, en poc temps guanyaria força clients i aconseguiria, fins i tot, desbancar la competència, que tenia un producte molt bo, però no oferia gaire bona atenció en les trucades dels clients.

La Núria va sortir força contrariada d'aquella reunió. Pensava que el client no tenia raó, que ells havien estat sempre orientats a les consultes que els hi feien els clients, i que el preu era ridícul, donats els costos de desenvolupament que havia tingut inicialment. Però tot i així va quedar amb en Lluís, per comentar el que li havien estat dient. Després de reflexionar sobre aquelles qüestions la Núria i en Lluís van decidir crear un nou producte, però aquesta vegada el desenvoluparien ells, fent cas de les indicacions d'aquell client des del primer moment. Al cap i a la fi —pensaven— un bon producte sense clients no val per res... Des de llavors van estar tot un any única i exclusivament visitant aquell client, per tal que els assistís en el desenvolupament del programa, en la correcció de tot allò que l'anterior estava mancat i en la minimització dels problemes que sovint els portava.

A més de les prestacions del programa en sí, van decidir que canviarien la manera de cobrar el producte. A partir d'aleshores, la instal·lació del programa seria completament gratuïta. Això permetria reduir les despeses comercials que tenien cada vegada que havien de visitar un nou client diferents vegades. Quant a la forma de cobrament, ja no demanarien de cop un preu exorbitant, sinó que cobrarien una quota mensual, segons els mòduls del programa que anessin utilitzant, i segons el poder adquisitiu de cada centre. Avui dia, la Núria i en Lluís tenen una empresa de més de 10 treballadors i amb més de 300 clients. I tots ells contents i satisfets del servei que els ofereixen.

Error 1: Manca d'adaptació a les necessitats del client

Sembla mentida però moltes vegades l'opinió menys escoltada en la creació d'un negoci és la del potencial client; aquell individu el qual intercanviarà els seus diners pel nostre producte o servei. És a dir, la principal font d'ingressos futurs de la nostra empresa.

Molts són els negocis basats en les intuïcions i creences dels propis promotors del projecte, deixant al marge tres de les variables clau que permetran que el negoci funcioni: conèixer, entendre i cobrir les necessitats del client. És imprescindible tenir clars els *insights* del client, és a dir, aquells aspectes ocults de la seva forma de pensar, sentir o actuar que ens garanteixin la seva comprensió.

Un negoci orientat únicament al producte o servei que no tingui en compte les necessitats del client estarà condemnat al fracàs. Cal ser imaginatiu, creatiu i innovador. I no només en producte, sinó també en serveis afegits i organització de l'empresa. Per tant, tampoc podem oblidar altres variables clau com el preu, la comunicació i la distribució. En un mercat competitiu com l'actual, on les diferències entre productes i serveis son mínimes, cal aportar valor a través de la personalització via cobertura de necessitats. Cal entendre què vol el client, com ho vol i a quin preu ho vol. Així doncs, escoltar el client, fins i tot fer-lo partícep del disseny i elaboració del producte, permetrà a l'empresa superar un dels majors reptes empresarials: satisfer les expectatives del client.

No en va una de les definicions de qualitat inclou la satisfacció —fins i tot superació— de les expectatives que tingui el client del nostre producte. Si som capaços de superar les expectatives del client, no només aconseguirem que ens compri a nosaltres abans que a la competència, sinó que de retruc aconseguirem també fidelitzar-lo.

Error 2: Prioritzar la captació de nous clients abans que la seva fidelització

Moltes són les empreses que equivocadament s'orienten excessivament cap a la captació de nous clients, oblidant-se totalment dels que ja tenen. La fidelització consisteix en aconseguir que un client que ja ha adquirit els nostres productes o serveis es converteixi en un client freqüent o habitual, és a dir, que repeteixi la compra. Normalment, fidelitzar un client acostuma a ser molt més rendible que no pas tractar de captar-ne un de nou, degut, en bona part, a la menor generació de costos en accions comercials o de màrqueting que la pròpia captació origina.

Entre les estratègies de fidelització més efectives hi podem trobar l'oferta d'un servei o producte de bona qualitat, un bon servei d'atenció al client, la creació d'un sentiment de pertinença o, fins i tot, l'ús d'incentius o promocions que tinguin com a objectiu que el client repeteixi o torni a visitar-nos.

Un exemple de comunicació de la fidelització en una empresa el podem copsar en l'eslògan d'una campanya publicitària d'una marca de telefonia mòbil: «nos importas tanto como si acabaras de llegar». En l'anunci, uns pares li demostren a la seva filla petita que, per molt que hagi nascut la seva nova germaneta, ells no l'oblidaran i la seguiran estimant i cuidant com han fet sempre.

Perfils relacionats amb aquest cas

Scooby Doo
Flautista d'Hamelin
Marco

10. L'etern traspàs...

En Mohamed Jordi va ser un dels primers emprenedors que vaig atendre, i també n'és l'últim, donat que a dia d'avui, tres anys més tard, encara no ha aconseguit crear la seva empresa. En Mohamed Jordi havia vingut de Costa d'Ivori feia uns 4 anys, dels quals en portava un parell treballant en diverses feines temporals.

Durant el darrer any havia treballat en una planta de distribució d'electrodomèstics i televisors descarregant palets, abans de que aquesta apliqués un ERO i, finalment, fos comprada per una altra empresa. Des de llavors es va quedar a l'atur i ara porta tres mesos buscant feina, però diu que no hi ha manera d'aconseguir-ne.

Donat que bona part de la seva família seguia vivint al país ivorià, en Mohamed Jordi anava sovint a un locutori que tenia a prop de casa, per defugir i dissimular el sentiment d'enyorança que tenia envers els seus, cada vegada que trucava a casa. Mica en mica, aquell vell i rònec locutori es va convertir en un petit centre de trobada entre persones que parlaven el mateix idioma que ell, cosa que li produïa una gran alegria i alhora certa enyorança, en recordar els seus.

Un bon dia, el propietari del locutori va dir-li que se'n volia desprendre, donat que en tenia un altre uns carrers més amunt i no podia atendre tots dos negocis com ell desitjava. En Mohamed Jordi no s'ho podia creure, podria resoldre dos problemes de cop: tenia la possibilitat de trobar feina i, a la vegada, podria estar tot el dia en aquell lloc de reunió de persones que es trobaven soles com ell.

Una vegada va saber el preu que demanava el propietari pel traspàs, va dirigir-se al banc per demanar la resta dels diners que ell no tenia estalviats. El director de la sucursal va dir-li que gràcies al seu historial com a client i a la seva capacitat estalviadora, podrien ajudar-lo, però donat que no tenia possibilitats d'aportar cap aval ni garantia, hauria de tramitar un microcrèdit i, per això, calia que elaborés el pla d'empresa.

Va ser llavors quan vaig conèixer en Mohamed Jordi, que de seguida va posar-se en contacte amb l'entitat de suport a l'emprenedoria, en la qual li van donar hora de visita. La primera impressió que vaig tenir d'ell era que es tractava d'una persona força presumida, doncs vestia roba de marca i la duia amb molt d'estil. En Mohamed Jordi no s'expressava massa correctament en castellà, però tot i això, vaig aconseguir entendre la seva situació, la seva idea del traspàs i la necessitat de recórrer a un microcrèdit.

Des del primer dia, havia preguntat a en Mohamed Jordi si disposava del permís de treball i residència permanent, donat que si només tenia el de primera o segona renovació, caldria realitzar una tramitació especial per tal de poder donar-se d'alta com a autònom. Ell sempre havia mantingut que sí, que portava més de cinc anys aquí i que l'únic que necessitava per obrir el negoci eren els diners.

En Mohamed Jordi no va trigar gaires dies a elaborar el pla d'empresa. Ell l'havia escrit en francès i un amic seu l'havia ajudat en la traducció al castellà. A més, tot el pla d'empresa era força coherent, la inversió necessària no era massa elevada, de la qual ell ja n'aportava la meitat, i les despeses corrents del local eren força moderades. Per tant, el punt d'equilibri era fàcilment assolible. O almenys, això deia ell.

A més, repetia constantment que era una gran oportunitat de negoci, donat que durant l'últim mes hi havia anat pràcticament tots els dies, i com que es trobava a l'atur, tant per buscar feina com per posar-se en contacte amb els seus, s'hi havia passat allà tot el dia i hi veia sempre força moviment de gent. Així doncs, ell creia tenir una idea força certa del que s'hi facturava diària, setmanal i mensualment. Pel preu que en demanaven, creia que en qüestió d'un any, com a màxim, ja hauria aconseguit retornar fins l'últim cèntim d'euro al banc.

L'únic inconvenient del projecte era que necessitava els diners immediatament ja que, sinó, una altra persona que conegués de l'existència del negoci en traspàs el compraria ràpidament. Ell deia que tenia la paraula del propietari de que li reservaria el traspàs durant un mes. Si trigava més temps en aconseguir els diners, hi havia la possibilitat de perdre aquella magnífica oportunitat.

Tot i aquesta suposada confiança, el propietari l'havia trucat un bon dia per dir-li que tenia una segona persona interessada, així que li caldria signar un preacord per assegurar l'operació i realitzar un avançament de diners a compte. Convençut de que l'operació es tancaria amb èxit, en Mohamed Jordi va accedir a firmar aquell preacord, pel qual va donar al propietari 6.000 euros a compte.

Aquesta circumstància la vam donar a conèixer a l'entitat bancària, que després d'analitzar la viabilitat del negoci i el risc de l'operació va decidir concedir el microcrèdit a en Mohamed Jordi en un temps rècord. L'únic requisit per poder disposar dels diners era que presentés les respectives altes d'Hisenda i Seguretat Social, i el contracte de traspàs signat per ambdues parts. A partir d'aquell moment, l'entitat faria la transferència bancària de la quantitat sol·licitada a través del préstec directament al propietari.

Una vegada aprovada l'operació, en Mohamed Jordi ja creia que podria quedar-se el negoci. Va trucar ràpidament al propietari del negoci, amb el qual ens vam citar a l'entitat de suport a l'emprenedoria per revisar les condicions i les clàusules del traspàs i poder tancar així l'operació. El contracte havia estat elaborat per l'assessor del propietari, així que complia els requisits legals obligatoris i estava força ben redactat.

Només calia repassar els tràmits que s'havien de realitzar, l'ordre i dur a terme el seu somni. Em va confessar que a més de ser un dels seus somnis, els seus pares, ja grans, es posarien molt contents, perquè ser propietari d'un negoci en funcionament al primer món, era motiu de gran prestigi a Costa d'Ivori. Assegurava que quan tornés al seu país de vacances, segurament seria rebut com un veritable heroi.

Vam repassar junts els passos a seguir. Primer de tot calia anar a Hisenda i donar-se d'alta; donar-se d'alta també a la Tresoreria de la Seguretat Social; anar al banc amb fotocòpies d'ambdues altes; ordenar que es fes la transferència a l'antic propietari; i, seguidament, firmar el traspàs definitiu, que el convertiria en el propietari de ple dret del negoci. Una vegada repassat tot el procediment, en Mohamed Jordi va marxar. Al cap d'una hora em trucava per dir-me que s'havia donat d'alta a Hisenda, però que no l'havien pogut donar d'alta a la Seguretat Social, perquè la seva targeta no era permanent i que s'havia de resoldre la tramitació del seu expedient abans de poder-li concedir. En aquell moment ell estava força desconcertat i no sabia què fer. Vaig aconsellar-li que truqués a la Subdelegació del Govern per preguntar l'estat de l'expedient, i li van contestar que ell ja sabia que es tractava d'un tràmit força enrevessat, que la durada aproximada era de tres mesos, dels quals encara no n'havia transcorregut ni un de sencer.

Va trucar ràpidament al propietari per dir-li que havien d'anul·lar la reunió de la tarda, que estava pendent d'un tràmit per resoldre l'operació. El propietari es va enfadar força i va recordar-li que havien signat un preacord. Que si no podia resoldre-ho en dues setmanes perdria els diners. Els dies van anar passant i la maleïda carta no arribava, cosa que feia desesperar cada vegada una miqueta més l'emprenedor, i també el propietari.

Finalment, cansat d'aquella situació, el propietari va decidir traspassar el local a un tercer interessat, que després d'uns dies d'haver tingut el locutori tancat el va tornar a obrir. Al cap d'uns dies en Mohamed Jordi va decidir acostar-se un dia més per allà, per parlar amb el propietari i mirar d'arreglar la situació. Li va estranyar força que no hi fos, i que en el seu lloc hi hagués un nou arrendatari que li va mostrar el mateix contracte de traspàs, però amb el seu nom, enlloc del d'en Mohamed Jordi.

Va trucar enfurismat a l'antic propietari, qui li va recordar el preacord que havien signat i de l'oportunitat que havia deixat escapar. Indignat, en Mohamed Jordi va decidir acudir a un advocat qui, a dia d'avui, atès que va haver de recórrer a la justícia gratuïta, encara està pendent de que li donin una data de judici, dos anys més tard...

Per acabar-ho de rematar, per un motiu o per un altre, els nous propietaris del locutori tampoc van aconseguir remuntar el negoci, i poc més de mig any després d'haver obert ja havien tancat. Així doncs, a dia d'avui, tot i haver perdut els diners que va haver de donar a compte per signar el preacord, segueixo sense saber si va tenir bona o mala sort de no haver aconseguit aquell negoci en traspàs...

Error 1: «Les presses no són mai bona companyia...»

Abans d'endegar un negoci és imprescindible saber els tràmits que cal seguir. Però resulta igual o més important conèixer els requisits que comporta cada tràmit. Quan vas a l'ajuntament per preguntar els tràmits que cal seguir per poder-te casar, normalment et diuen que només calen tres documents: el DNI, el certificat literal de naixement i la inscripció al registre civil. Però prèviament, cada un d'aquests tràmits requereix haver-ne complert uns altres. Si no tenim el DNI vigent, caldrà anar a renovar el DNI, per la qual cosa caldrà anar a una comissaria, portar fotografies de carnet, per la qual cosa haurem d'haver anat anteriorment a fer-nos les fotografies a una botiga, etc.

Amb la creació d'empreses passa exactament el mateix. No podem donar per segur un tràmit, quan aquest en requereix d'altres. I més quan estem en un país que amb prou feines coneixem la legislació vigent. En el cas de les persones immigrades, per exemple, cal tenir el permís de residència i treball permanent per poder treballar per compte propi. I si no es volen esperar els cinc anys, cal realitzar una tramitació a través de la Subdelegació del Govern, que també requereix un cert temps. Per tant, cal assegurar-se abans de res, dels tràmits que cal realitzar per crear una empresa, i també saber quina documentació i requisits calen per poder dur a terme aquests tràmits.

Error 2: «No comptar les hores de dedicació d'un mateix com un sou»

Abans d'agafar un negoci en traspàs, cal analitzar les veritables causes d'aquest. En certes ocasions es tracta de traspassos per situacions personals dels propietaris —jubilacions, divorcis, canvis de residència...— però d'altres vegades, el motiu sol ser una més que dubtosa viabilitat del negoci. És en aquests casos, que cal desconfiar dels negocis en traspàs i, sobretot, anar-hi amb peus de plom. Quan un negoci és prou rendible sol sortir més a compte posar-hi un treballador de confiança, que no pas traspassar-lo.

Es pot dir que un comerç dóna diners quan, a més de cobrir les despeses generals de l'activitat, reporta un sou digne a la/es persona/es que estan darrere el mostrador i, a més, cobreix les seves despeses laborals. A part d'això, haurà de quedar encara una quantitat residual o benefici, que serà el que ens ajudarà a mesurar la rendibilitat del negoci. Si a l'hora de realitzar la previsió de vendes no es té en compte un sou, el benefici pot quedar camuflat, i aquest pot no compensar les hores que s'hi dediquen.

Jo mateix, en edat adolescent vaig decidir convertir-me en emprenedor i agafar un negoci en traspàs. Es tractava d'un bar musical molt famós, situat als afores de Barcelona, i que havia estat molt de moda en els darrers anys. Darrerament havia anat perdent clientela donada la llicència que tenia, que no permetia tenir-lo obert més enllà de les cuatre. de la matinada. Jo hi tenia un amic que hi treballava i em va proposar que n'estudiéssim la viabilitat i miréssim d'agafar-lo en traspàs. Em va dir que en aquell moment només cobria despeses, però que si aconseguíem remuntar aquella situació, aviat n'obtindriem beneficis. Finalment el vam comprar i ens hi vam posar a treballar d'immediat. No vam tancar ni un sol cap de setmana entre que el tenia l'antic propietari i el vam tornar a inaugurar nosaltres.

Al cap d'un mes d'activitat estàvem força contents donat que havíem aconseguit donar un aire nou al local i hi començava a venir més gent. Fent els números d'aquell primer mes, vam veure que havíem aconseguit pagar a tot el personal —10 persones—, les despeses socials, les despeses corrents de l'activitat i el que ens sobrava era just per pagar les obligacions amb Hisenda, que tindríem en un parell de mesos. En aquell moment li vaig preguntar:

—Ja sé que és el primer mes i tot plegat acabem de començar, però tu no em vas dir que pel que s'estava facturant es cobrien totes les despeses?

Ell tot estranyat em va mirar i em va dir:

—I doncs... acabem de fer els comptes i ja ho has vist. Hem aconseguit pagar-ho tot i hem pogut reservar la quantitat que ens farà falta d'aquí un parell de mesos.

Al que jo li vaig dir:

—I totes les hores que nosaltres hi hem dedicat, qui ens les paga?

El meu amic, ja amb cara de pòquer, em respon:

—Albert, de veritat et pensaves que quan parlava de TOTES les despeses hi havia inclòs els nostres sous?

A partir d'aquell moment vaig entendre que cap negoci és rendible fins que no aconsegueix pagar TOTES les hores de TOTS els seus treballadors, inclosos els socis... Si és que a vegades, per més que t'ho diguin, fins que no ensopega un mateix amb la pedra...

Perfils relacionats amb aquest cas

Jack Sparrow
Flautista d'Hamelin
Marco

Conclusions i cloenda

Ep, no et deprimeixis, que res està perdut!

Som conscients de que molt probablement t'hagis espantat una mica i tinguis la sensació que això de crear la teva pròpia empresa és molt més arriscat i complicat del que t'imaginaves. La nostra intenció no era aquesta. Al contrari. Però cal que tinguis present que en cap cas hem volgut escriure un llibre d'autoajuda, sinó que hem intentat fer un exercici de prevenció, ressaltant tots aquells errors més freqüents que fan trontollar alguns negocis i que acaben per enfonsar-ne d'altres, tal i com has pogut veure en alguns dels relats que t'hem explicat. L'únic que pretenem és que miris d'evitar-los.

Potser per ser justos haurem de fer-ne una segona part destacant tots aquells encerts d'aquells emprenedors a qui els hi van molt bé les coses i que han complert amb els objectius que s'havien fixat (que en són molts, afortunadament). Cert que existeixen estudis que afirmen que gairebé el 50% de les empreses no sobrepassen els primers 5 anys de vida. Però de la mateixa manera, aquest mateix missatge es pot interpretar en un sentit positiu: més del 50% de les empreses creades a Catalunya perduren més enllà dels 5 anys. Així que si t'espaviles, probablement en formaràs part! Recorda que el primer pas per aconseguir un objectiu és intentar-ho. *Només* cal que cerquis la teva oportunitat de negoci i fer-la realitat.

Ser el segon o el tercer, tampoc és gens menyspreable!

Tampoc volem acomiadar-nos sense reivindicar la importància i el mèrit dels segons i els tercers. Degut a alguns casos i persones que han esdevingut més mediàtiques o algunes empreses catalanes molt innovadores, en sectors en què som capdavanters a nivell mundial, sembla que el món de l'emprenedoria s'hagi de reduir a uns pocs cervells privilegiats. O que només puguin emprendre aquelles persones que pretenen ser els números ú del seu mercat. Podem afirmar amb rotunditat que existeixen moltíssimes empreses que són les números dos i tres del seu mercat, que facturen milers de milions d'euros i que donen feina a milers de persones. I pensem que molts de nosaltres seríem les persones més felices del món si n'haguéssim estat els seus creadors.

Per tant, no us desanimeu en cap moment si descobriu que ja existeixen empreses en aquell mercat en el que preteneu entrar i amb les que creieu que mai podreu arribar a competir per igual. D'aquesta manera, empreses multinacionals tant grans com Pepsi&Co., Apple o Porsche mai s'haguessin creat, perquè ja existien d'altres com Coca-Cola, Microsoft o Ferrari.

En tot mercat és bo que hi hagi competència entre diverses empreses, perquè és molt sa pel mercat i per la societat en general, atès que fomenta el progrés i la innovació, i també afavoreix el consumidor. Així que no t'espantis! I si pel contrari, la idea o projecte que voleu endegar encara no la comercialitza ningú, tampoc vol dir que no pugui ser interessant. Penseu que el 50% de les empreses que existiran d'aquí a deu anys encara no s'han creat i que les necessitats dels éssers humans són il·limitades. Tingueu present que empreses multinacionals capdavanteres com Google, Facebook o Twitter, amb milions d'usuaris i clients, només tenen 13, 8 i 5 anys de vida, respectivament.

Per acabar, volem recomanar-te que escoltis amb atenció les experiències d'altres emprenedors, que et posis en mans d'un bon assessor i, finalment, que prenguis una decisió racional i coherent, positiva o no, cap a la idea de posar en marxa la teva empresa o el teu projecte. Ara bé, tingues sempre present que per més consells que et donin o més casos que coneguis, fins que no ho visquis per tu mateix, no sabràs mai què és ser emprenedor, ni com t'anirà o et podria haver anat. O com diuen a pagès, fins que no li aixequis la cua tu mateix, mai sabràs si és mascle o femella...

Som de l'opinió que sempre és més interessant haver-ho intentat i que no hagi sortit bé —sempre que no ens haguem endeutat en excés—, que no pas passar-nos la vida vivint amb la incertesa i lamentant-nos de ni tan sols haver-ho intentat.

Tenim un blog a la teva diposició, on agrairem que ens facis tots aquells comentaris que creguis oportuns al respecte de qualsevol dels apartats del llibre.

Ens trobaràs a: http://escolademprenedors.com

Bibliografia

AMAT, Oriol; FONTRODONA, Jordi; HERNÁNDEZ, Joan Miquel; STOYANOVA, Alexandrina: • *Las empresas de alto crecimiento y las gacelas.* Profit Editorial, Barcelona, 2010.

AYMERICH, Ramón: • *Fet a casa: la innovació a les empreses catalanes.* Viena Edicions, Barcelona, 2007.

BAQUERO, Lucrecia; BOU, Guillem; CRUZ, Jordi; VALERA, José María: • *Menudo Pastel.* Ediciones Pirámide, Barcelona, 2006.

BARBA, Enric: *Innovación. 100 consejos para inspirarla y gestionarla.* Libros de Cabecera, Barcelona, 2011.

BEIGBEDER, Frédéric: • *13,99 €.* Editorial Anagrama, Barcelona, 2005.

BOSCH, Albert: • *Espíritu de Aventura.* Empresa Activa, Barcelona, 2010.

BUCAY, Jorge: • *Déjame que te cuente.* RBA Libros, Barcelona, 2002.

CORNELLA, Alfons: • *Visionomics: 50 dibujos sobre la nueva dinámica de las organizaciones.* Infonomia, Barcelona, 2009.

COX, Jeff; GOLDRATT, Eliyahu M.: • *La Meta.* Ediciones Díaz de Santos, Madrid, 2005.

FERNÁNDEZ, Sergio: • *Vivir sin jefe.* Plataforma Editorial, Barcelona, 2009.

FERRER-ARPÍ, Josep Maria; PONTI, Franc: • *Si funciona, cámbialo.* Gestión 2000, Barcelona, 2010.

FERRIS, Timothy: • *La semana laboral de 4 horas.* RBA Libros, Barcelona, 2008.

GALAN, Rafael; MONTERO, Fernando: • *La empresa según Homer Simpson.* Gestión 2000, Barcelona, 2008.

GRIFFITHS, Gavin: • *El pornógrafo emprendedor.* Empresa Activa, Barcelona, 2009.

HARFORD, Tim: • *El economista camuflado.* Ediciones Temas de Hoy, Madrid, 2008.

HUNTER, James C.: • *La Paradoja.* Empresa Activa, Barcelona, 1999.

LÓPEZ, Francisco: • *La empresa, explicada de forma sencilla.* Libros de Cabecera, Barcelona, 2009.

NORDSTRÖM, Kjell; RIDDERSTRALE, Jonas: • *Funky Business.* Pearson Educación, Madrid, 2004.

NUENO, Pedro: • *Emprendiendo hacia el 2020.* Ediciones Deusto, Barcelona, 2009.

REMOLINS, Eduardo: • *La primera venta del emprendedor.* Libros de Cabecera, Barcelona, 2010.

SORIANO, Ferran: • *La pilota no entra per atzar.* Ara llibres, Barcelona, 2009.

TRIAS DE BES, Fernando: • *El libro negro del emprendedor.* Empresa Activa, Barcelona, 2007.

